The
Artist's
Way

CW01465454

ずっとやりたかったことを、やりなさい。

The Artist's Way

ジュリア・キャメロン
菅靖彦＝訳

サンマーク出版

謝辞

創造性豊かな同僚、エドモンド・タウルに感謝の意を表します。彼は本書に掲げられている原理を身をもって体験し、貴重なフィードバックをしてくれました。

寛大な心をもって人々が創造的に生きることを支援しつづけている勇気あるアーティストたち、ジュリアン・マッカーシー、ジェラルド・アイアス、ジョン・ニコルス、アンソニー・ホプキンス卿《きょう》にも感謝します。

ティモシー・ホイーターとマイケル・ホッペには、光を喚起する一連の音作りをしてくれたことに敬意を表します。彼らの癒《いや》しの音楽は、本書を完成させるのになくてはならないものでした。

私のエージェントであるスーザン・シュルマンの鋭いウイットと明晰《めいせき》な洞察力にも感謝しなければなりません。

また、シカゴ在住のマイク・マトイン牧師夫妻、ミシェル・ローランス、ローラ・レディ・ワルドロン、ギニー・ワイスマン、ミシェル・シトロン、キャシー・チュレイ、マリリン・リーバーマン、トランジッション書店のハワード・マンデルとゲイル・セミナラといった人たちにも感謝します。

そして最後に、私の生徒たちと、すばらしい編集の手腕を発揮してくれたジャン・ジョンソン、リック・ベンゼル、出版界の大御所、ジェレミー・ターチャーに特別の感謝の意を捧げます。

大いなる創造主が、私たちすべてを導いていると私は信じています。

序文　私自身の旅

何をしているのですかと聞かれると、私はだいたいこう答える。

「作家兼ディレクターです。それに、創造性を養うためのワークショップを主催しています」

この最後の言葉に人々は関心を示す。

「どうすれば創造性を教えられるんですか？」。そう尋ねる彼らの顔には、好奇心を隠しきれないといった表情が浮かんでいる。

「教えられませんよ」と私は言う。「自分自身で創造的になるにはどうすればいいかを、教えているんです」

「ということはつまり、誰もがみな創造的だということですか？」。半信半疑で彼らは言う。

「そのとおりです」

「本当にそう思っているんですか？」

「そうです」

「それであなたは何をするんです？」

その答えが、私のしていることについての、この本である。

私は、ここ十年、人々の創造性を解き放つためのワークショップを開いてきた。対象は画家や映画製作者など、なんらかの創作活動に携わっている人はむろんのこと、家庭の主婦や弁護士など、もっと広い意味で、クリエイティブに生きることに関心をもっているすべての人である。

ワークショップで用いられるさまざまなツールは、私が見いだしたものや、工夫してつくりあげたもののほかに、占いを活用するものや、伝統的に受け継がれてきたものもある。それらのツールを使って、創造性を妨げている障害を取り払った人たちを、私はたくさん見てきた。また自分の中の「大いなる創造主」の力を借りて内なる創造的なパワーを掘り起こし、人生の大きな転換を果たした人たちも知っている。

一口に大いなる創造主といっても、人それぞれ思い浮かべるものは異なってくるだろう。なかには、そうした言葉につきまといがちな胡散臭《うさん》さを感じる方もおられるかもしれない。どうか先入観を捨てて読んでもらいたい。大いなる創造主がいるということにすれば、あなた自身の創造性を解き放つ役に立つかもしれないのだ。

私があえて「神」という言葉を用いるのは、アーティスト・ウェイを、基本的に創造性を軸にして実践される霊性《スピリチュアル》の道と考えているからである。これはある人々にとっては漠然としており、子どものときに植えつけられた、なんの役にも立たない古臭い「神さま」や、とても信じがたい神を思い出させるかもしれない。どうか偏見をもたないでもらいたい。

このコースをやり終えるのに、どんな神の概念も必要がないことを、ここではっきり断っておきたい。

それどころか、私たちが共有している神の概念の多くは邪魔になる。

本書で神という言葉が使われる場合、「人生に秩序をもたらす整然とした流れ」という考えと置き換えてもらってもよい。ここで話題にしているのは創造のエネルギーなのだ。神という観念は多くの人にとって、単刀直入でわかりやすい。女神、マインド、宇宙、ソース、高次のパワーといった言葉もそうだ。重要なのはそれをどう呼ぶかではない。どう用いるかが大切なのだ。もししっくりこなければ、それを神と呼ばないでもらいたい。信じてもいないのに、信じるふりをしてはならない。それでも、本書に掲げられている原理を用いることによって、人生の変貌《へんぼう》を体験できるだろう。

本書の目的は、実験と観察からなる単純な科学的アプローチによって、創造的に生きる方法を明らかにすることにあり、その方法を定義したり、説明したりすることにはない。電気を使うときに、電気とは何かを理解する必要はないのだ。

私は創造性のワークを通して、陶芸家、写真家、詩人、脚本家、ダンサー、小説家、俳優、監督など、じつにいろいろな創作者に出会ってきた。出会った人のなかには、アーティストになる夢をもっているだけの人や、今よりもう少し創造的になることを夢見ているだけの人もいた。創造性をせき止められた画家、精神に破綻《はたん》をきたして妙なことを口走る詩人、決定稿を仕上げようとしてノイローゼ気味の作家を見てきて、私は次のように信じるだけではなく、認識するようになった。

——あなたが何歳で、どのような人生を送ってきたにせよ、また、創作することが職業、趣味、夢のいずれにしろ、自分の創造性を引き出すのに遅すぎるということはないし、利己的でわがままだということもない。愚かすぎるということもない。「ずっと書きたいと思っていた」と言う五十歳のある生徒は、私のすすめたツールを用いて、賞を取るほどの脚本家になった。ある判事は、彫刻をしたいという長年の夢を果たした。

このプログラムをやり終えたからといって、すべての人がプロのアーティストになるわけではない。だが、実際にプログラムをやり終えた多くのプロのアーティストが、より創造的になったと報告している。

自分自身の体験や、これまで出会った無数の人々の体験を通して、私は創造性とは人間の本性であると信じるようになった。その本性を妨げるのは、緑の細い茎の先に花が咲くように、自然で奇跡的なプロセスを妨害する不自然な行為である。私は霊性に触れるこのプロセスが、ごく単純でわかりやすいことを発見した。

たとえ、あなたの創造性がせき止められていたとしても（誰でもある程度はせき止められていると思う）、本書で提示されているツールを積極的に用いれば、もっと自由な創作活動ができるようになる。ストレッチをするだけのヨガが意識を変えるのと同じように、書いて演じるだけでいい本書のエクササイズも意識を変えるだろう。これらのエクササイズをすれば、あなたが信じると信じないにかかわらず、創造性の道が開かれるだろう。それを霊的な覚醒《かくせい》と呼ぶかどうかは問題ではない。

要するに、重要なのは実践であって、理論ではないのだ。

あなたがこれからしようとしているのは、自分の意識の中に、創造力が活動する道をつけることである。いったん、道の妨害物を取り除く決心をすれば、創造性が出現するだろう。ある意味で、創造性は血液に似ている。血液が体にあらかじめ備わったものであり、あなたが発明するものではないように、創造性は霊的な体に備わったものであり、あなたが発明しなければならないものではないのだ。

人はみな創造的な生き物

私はニューヨークで創造性のワークショップをはじめた。なぜはじめたかというと、啓示を受けたからである。

美しい午後の日差しがさす、ウエスト・ビレッジの玉石の街路を歩いているときのことだった。

「私は、どうすれば創造性を妨げている障害を取り除けるか人々に教える運命にある」と、突然悟ったのだ。ひょっとしたら多くの人の吐き出した願望がその道に染み込んでいたのかもしれない。ご存じのように、グリニッジ・ビレッジには、アメリカの他のどんなところより多くのアーティスト（才能のある者もない者も）が住んでいる。

人々の心のつかえを取る方法を教えるにあたって、私がまず頼りにしたのは、自分自身がそれまでに学び、身につけてきたレッスンだった。

一九七八年一月、私は酒を断った。それまで、飲酒が自分を作家にしたと思ったことはなかったが、酒を断つと、物を書けなくなるのではないかとそのとき思った。私の心の中では、飲酒と物を書くことは、まあ、スコッチとソーダのように切っても切り離せない関係にあったのだ。私にとって飲酒はつねに、恐怖をやりすごして原稿に向かう手段になっていた。夕方暗くなる前に仕事をやり終えようとしていたのは、酒によって頭の中が霧がかかったようにぼんやりし、創造性の窓が曇ってしまう前に書いてしまいたかったからだ。

三十歳で突然、酒を断ったその当時、私はパラマウント・ロットに仕事場を構え、作家としての地位を築きあげていた。とはいえ私の創造性は安定したものではなく、切れた頸動脈《けいどうみゃく》から噴き出す血のように間欠的なものだった。当時の私は自分のためというより、他人のために書いていた。私にとって創造することは、十字架にかけられるようなものだった。抵抗を押して、散文の棘《いばら》の上に倒れ込み、血を流しながら書いていたのだ。

もし、古い苦痛に満ちたこの方法で書きつづけていられたなら、きっと今でもそうしていたにちがいない。しかし、やがて飲酒が自分に計り知れないダメージをもたらし、創造性を踏みにじってしまうことを認めざるをえなくなった。

私は、しらふで物を書くことを学ぶ必要があった。さもなければ、書くことをきっぱりあきらめるしかなかった。高邁《こうまい》な精神にかられてではなく、そうしたやむをえない理由で、私は霊性の道に歩み出したのである。新しい創造の道を見いださざるをえなかったのだ。私のレッスンはそこからはじまった。

まず私が学んだのは、自らの創造性を、ディラン・トーマスが「緑の茎を通して花を咲かせる力」と呼んだ力に預けることだった。それは、創造力を邪魔するのをやめ、それが自由に働くままに任せることを意味していた。私はただ原稿用紙に向かい、聞いたことを書いていけばよかった。それまで、書くことは私にとって、核爆弾を発明するようなものだったが、それ以降、立ち聞きに近いものになった。

インスピレーションがわくかどうかで気をもむ必要がなくなり、ふさぎ込むこともなくなった。書いているのは私ではなかったので、結果を思いわずらう必要もなかった。こうして、私は自意識にわずらわされずに自由に書くことを覚えた。

それまでの私は、苦悩する芸術家のドラマを演じていたのだ。今、振り返ってみると、そのドラマを抜け出すことができたのは驚きである。アーティストは多少飲酒癖があり、好色で金銭にだらしなく、自己破壊的でも許されると思われているふしがある。しかし、それらの性質を創造性の本質と結びつけるのは誤りである。正気でしらふの創造性もありうるという考えは、自分に甘えていた私にとって脅威だった。

幸運にも、ちょうどこの時期、私はもう一人の才能を発揮できない作家といっしょに仕事をすることになった。私は自分が学んだことを彼に教えた。彼もまた自分で自分の邪魔をするのをやめるようになった。こうして私たちは二人になり、やがてもう一人の「犠牲者」が現れた。今度は画家だった。ツールはビジュアル・アーティストにも通用した。

これは私にとって、非常にわくわくする体験だった。気をよくした私は、同じような道を歩む人のために、混乱から抜け出す道を描く地図製作者になってもいいと思った。とはいえ、教師になろうとしたわけではなかった。ただ、同じアーティストのなかから、創造の道に潜む危険や近道を知らせる者がでてきてしかるべきだと思ったのだ。

そんなとき、私はグリニッジ・ビレッジで「啓示」を受け、一週間もたたないうちに、それまで聞いたことのなかったニューヨークの女性アート協会から仕事を依頼された。才能を阻まれている画家、小説家、詩人、映画製作者などによって最初のクラスが自然にできあがり、私は本書と同じレッスンを教えはじめた。それ以来、多くのクラスを受け持ち、レッスンの数を増やしてきた。

本書『ずっとやりたかったことを、やりなさい。』は同僚のマーク・ブライアンによって書き取られた、非公式のクラスの記録としてはじまった。そのうちに口コミで広がり、まとめた教材を郵送するようになった。方々を講演して回っているユング心理学者のジョン・ジアンニが行く先々で本書のテクニックを話したおかげで、彼の講演のあとは、かならず教材の申し込みがくるようになった。次に、クリエイション・スピリチュアリティ・ネットワークが私の仕事を聞きつけ、デュバク、ブリティッシュ・コロンビア、インディアナから手紙が舞い込んできた。こうして世界中に、アーティストへの道を求める生徒が出現した。「私は国務省勤務でスイスにいます。教材を送っていただけないでしょうか……」といった申し込みもあった。

教材パックの数が増え、それとともに生徒の数も増えていった。最終的に、マークから大変、的を射た要望があった。「すべてを書いてください。そしたら多くの人が助かります。本にすべきです」

こうして、「自分でできる自己回復」の青写真ができあがった。本書のツールは口伝えで酸素を送り込む蘇生《そせい》術やハイムリック法（気管に詰まった物を取り除く応急処置）のような人命救助を目的にしている。どうかそれらを活用し、また、伝えてもらいたい。

こんな言葉を私は何度も耳にした。「あなたのクラスを受けるまでは、完璧《かんぺき》に創造性から切り離されていました。長年、つらさと喪失感にさいなまれ、命をすりへらしてきました。それから、徐々に奇跡が起こりはじめたんです。私は演劇の学位を取るために学校に戻りました。はじめてオーディションを受けていますし、コンスタントに書いています。そしてもっとも重要なのは、自分自身をアーティストと呼ぶのを心地よく思えるようになったことなんです」

このコースを受ける前と後で生徒たちの生活に起こる変化を目のあたりにし、私が教師として感じる奇跡を、はたして読者に伝えられるかどうかは疑問である。コースの間に、心身に起こるまぎれもない変化は驚くべきもので、悟りという言葉が文字どおりのものだとわからせてくれる。自らの創造性に触れると、生徒たちの顔はしばしば光り輝く。偉大な芸術作品を満たすのと同じ、充実した霊的な雰囲気が、創造性のクラスを満たすことがある。

ある意味で、私たちは創造的な生き物なので、私たちの人生そのものが芸術作品になるのだ。

創造性の原理とは

ほとんどの人にとって、創造主が創造性を助長するという考えは耳慣れないものだ。私たちは、「創造したいという夢なんて利己的なものだ。神はそんなことを許してくれない」と考えがちである。そこまで思わなくても、心の中では、それに近い恐れをもっている。

つきつめてみれば、私たちの心の中に住むアーティストは子どもであり、幼稚な考えにふけりやすい。子どものころ、創造したいという私たちの夢に「何言ってるの」などと疑いをさし挟み、「できっこない」と否定していた父や母の姿を、大人になってからは親代わりの神に投影したとしてもおかしくない。だが、そうした考えは捨てなければならない。

本書で取り上げようとしているのは、霊的な体験を招き寄せるための手法である。それを私は霊的なカイロプラクティックと呼んでいる。私たちは宇宙の創造エネルギーに周波数を合わせるために、特定の霊的なエクササイズを行う。人間は宇宙の申し子だが、その宇宙を私たちが浸っている広大な電気の海と考えてみよう。創造性に心を開くとき、私たちはその海の泡のような存在から、より高度な機能をもった存在へと変化する。宇宙という生態系の一部でありながら、意識的に宇宙と調和できるようになるのだ。

私は教師をしていて、超越的なもの（お望みなら、霊的な電気と呼んでもいい）の存在をしばしば感じ、自分自身の限界を超えようとするときに、それに頼ってきた。「霊感のある教師」だと言われるときは、その言葉を正真正銘のほめ言葉として受け止めている。私が何かをしようとするとき、私を超える何かの手が働いているのだ。

創造の核心には神秘的な融合体験があり、神秘的な融合の核心には創造の体験がある。霊的な言葉を好む人たちは、判で押したように神を創造主として語るが、創造主（creator）を文字どおりクリエイターとは受け止めようとしない。創造主という言葉を、文字どおりに受け止めてみてはどうだろう。あなたは大いなる創造主と同盟を結びたがっている――。そう考えれば、あなたの創造力をいちじるしく伸ばす助けになるかもしれないのだ。

本書に掲げられているツールを活用し、毎週の課題をきちんとこなしていけば、多くの変化が起こるだろう。なかでももっとも明らかなのは、シンクロニシティが起こりやすくなることかもしれない。私たちが変化すると、宇宙がその変化を後押しし、広げてくれるのだ。私の机の上に貼ってある「飛べ。そうすればあなたを受け止めてくれるネットが現れる」という言葉は、それを端的に言い表している。

自分を信じて創作活動に入っていけば、宇宙がひとりでに道をつくってくれる。アーティストとして、また教師として、私はそう感じている。それは水門を開けるのに少し似ている。いったん堰《せき》を取り除けば、水が自然に流れ込んでくるのだ。

繰り返しになるが、私は信じることを強要するつもりはない。創造性を引き出すのに、神を信じる必要はないのだ。私がすすめているのは、創造性が回復するプロセスをあるがままに観察し、記録する、ただそれだけである。実際に自分の創造性を引き出し、それがどのように発展していくかを目撃するのはあなた自身なのだから。

創造性とは一つの体験である。私の目には、それは霊的な体験と映る。創造性が霊性に導くと考えるか、霊性が創造性に導くと考えるかは、あなたの自由である。現に私は、その二つを区別していない。そのような体験の前では、信仰の問題は消滅する。カール・ユングは晩年、信仰について聞かれてこう答えた。

「私は信じていない。ただ知っているのだ」

次に掲げる創造性の原理は、創造性を取り戻し、育《はぐく》んでいくための土台になるものだ。一日に一度読んでもらいたい。そして、自分の行動や信念にどのような変化が起こるかをよく観察してみよう。

〈創造性の原理〉

①創造性は自然な生命の秩序であり、生命は純粋な創造的エネルギーだ。
②人間を含め、あらゆる生命には創造的な力が宿っている。
③創造性に心を開くとき、私たちは内なる創造主の創造性に心を開く。
④私たち自身が創造である。そして私たちは、創造することによって、創造の流れを断ち切らぬよう定められている。
⑤創造性とは神からの贈り物である。創造性を用いるとは神に贈り物をお返しすることだ。
⑥創造的であることを拒むのは、自分勝手であり、私たちの本性にそむく行為だ。

⑦創造性を探求するとき、私たちは人生に秩序をもたらす流れとしての神に心を開く。
⑧創造主への回路を開くと、穏やかだが強力な変化がたくさん起こる。
⑨創造性にいくら心を開いても安全である。
⑩私たちの創造したいという夢や願望は、神聖な源からやってくる。私たちが夢に向かって進んでいくことは、自分の崇高な側面に向かっていくことを意味する。

本書の使い方

本書の使い方はいろいろある。まずなによりも、創造的に使ってもらいたい。ここでは、創造性回復のコースを進めていくための地図を提供しよう。どのように進めていったらいいかの具体的なアイディアも盛り込んである。

まず、全体像をつかむために、ざっと読み通してみることをおすすめする（ただし、本を読むこととそれを用いることは同じではない）。一週一週に、エッセイとエクササイズ、課題、週ごとのチェック項目が紹介されている。量が多いということに、どうかひるまないでもらいたい。ワークの大半は遊びであり、コースをこなしていくのに、一日一時間程度しかかからない。

正式に教える場合、私は週の予定を立てるよう生徒にすすめている。たとえば、日曜から次の日曜日までを一つの区切りとしてやるつもりなら、日曜日の晩に、その週の課題を読み、エクササイズを手早くかたづけてしまう。

ひょっとしたらあなたは、その週の課題を全部やる時間をつくれないかもしれない。そのような場合には、半分だけやるようにしよう。残りの半分は余裕ができたときにやればいい。どの課題を選ぶかについては、二つの指針がある。自分に訴えかけるものと、強い抵抗感を覚えるものを選んでほしい。そのいずれでもないものは、後まわしにしてもかまわない。自分にもっとも必要なことに、私たちはしばしば抵抗する。この事実を覚えておこう。

そしてなにより、アーティスト・ウェイが霊性の道であることを承知しておこう。あなたは同じ問題に異なった局面で、何度も直面するだろう。創造的な人生に、「これでよし」ということはない。道のあらゆるところに、いらだちもあれば、喜びもある。だが、ここでの目的は、登りの道を見いだし、足場を固め、登りはじめることである。目の前に開かれる展望に、きっとあなたは心を躍らせるだろう。

予想されること

多くの人はもっと創造的になりたいと思っている。そして、「自分は本来、もっと創造的なはずだ。なのにそうした力を発揮できない」ともどかしく感じている。夢をこの手でつかむのは簡単なことではない。かといって、夢のない人生は退屈だ。

私たちは創造的な人生と呼ばれるものに憧《あこが》れる。仕事や家庭生活の中で、あるいは友達とのつきあいで、もっと創造的でありたいと願うのだ。

痛みを伴わずに創造性を回復させる特効薬というものはないが、創造性が開花するプロセスは、一定の流れをたどる。したがって、学ぶことも可能だ。私たちはそれぞれが複雑でかけがえのない存在であるが、創造性を回復するプロセスには共通点が認められる。

このコースをはじめて最初の二、三週間は、ある程度の抵抗感や居心地の悪さを覚えるかもしれない。その後、コースが中盤に差しかかると、爆発的な怒りが表れる。怒りの後には悲しみが続き、抵抗と希望の波が交互に訪れる。

このような山と谷からなる成長段階は、新しい自分の誕生のプロセスへと連なり、強烈な気持ちの高ぶりと、「こんなことをしていてなんになるのだろう？」という疑いの間を行き来する。

この変動めまぐるしい成長段階の後に、何もかも放り出して、また元の生活に戻りたいという強い衝動が芽生える。それはいってみれば、自分自身との取引の時期である。人はしばしばこの時点で、コースを放棄してしまいたいという誘惑にかられる。私はそれを創造的なUターンと呼んでいる。それを乗り越えると、エゴを手放すことができる。そして最終段階に至ると、新しい自分の感覚が生まれ、自立心や回復力が増し、期待や興奮が高まる。具体的なプランを練り、実行に移す能力も備わってくる。

こうした一連のプロセスで重要な役割を果たすのは、一時的な引きこもりである。引きこもりといっても、それは世界をシャットアウトしようとするものではなく、瞑想《めいそう》によって自分のゆるぎない核をつくるのに近い、創造的な引きこもりだ。

映画の撮影にたとえて説明してみよう。まずゆっくりとカメラを引き、全体を視野に収めるために、地上から離れて上方へと移動する。こうして得られる人生の全体像は、私たちに、適切な選択をする力を与えてくれる。それは険しい山道を登って見晴らしのよい地点に達することにも似ている。

とにかく、あなたはより高い地平へと移動しつつあるのだ。あなたの引きこもりの成果は、苦しいと同時に楽しい、肯定的なプロセスとしてとらえる必要がある。

人生を振り返ってみると、ほとんどの人は、他人の人生や希望、夢や計画に巻き込まれ、自分自身の創造的なエネルギーを浪費してきたことに気づく。だが、引きこもりのプロセスを通して自分の核を形成すれば、自分自身の限界、夢、本当の目標といったものをもっとはっきりさせることができる。ころころ変わる他人の気分に振り回されることも少なくなり、より柔軟に生きられるようになる。そのとき私たちは、自立することの真の意味を知る。

創造性の回復を効果的に推し進めるには、悲しみに浸る時期を通過しなければならない。そのためには、これまでいっしょにやってきた「礼儀正しい自分」の死としっかり向き合わなければならない。ここで流す涙は、成長の芽を育む大地を潤す雨となる。この創造的な涙の雨がなければ、私たちの心は不毛でありつづけるかもしれない。ときには痛みの雷に打たれることも受け入れなければならない。これは実りある痛みであることを覚えておこう。稲妻は暗闇《くらやみ》を明るく照らし出してくれるのだ。

ところで、あなたはどのようにして創造性を阻まれていることを知ればいいのだろう？　妬《ねた》みがそれを知るためのすばらしい鍵《かぎ》となる。あなたが恨みを覚えるアーティストはいるだろうか？　もしあなたが、自分の創造的な力を本気で信じたら、次にあげるようなことをやめるだろうか？

◎「遅すぎる」と自分自身に言うのをやめる。

◎お金が充分にたまるまで、自分が本当にしたいことをするのを待つのをやめる。

◎より創造的な人生を求めるたびに、「単なるエゴさ」と自分自身に言い聞かせるのをやめる。

◎「夢は取るに足らないものだ。それはしょせん夢でしかない。お前はもっと良識をもつべきだ」と自分自身に言うのをやめる。
◎家族や友人に、頭がおかしくなったと思われるのではないかと恐れるのをやめる。
◎「創造はぜいたくであり、すでにあるものに感謝すべきだ」と自分自身に言うのをやめる。

自分の中にアーティストが住んでいることを認め、大切に守ってやることを学べば、痛みを乗り越え、自由に創造の翼をはばたかせることができるようになる。恐怖を解決する方法や心の傷を癒《いや》す方法、自信を取り戻す方法などもわかってくるだろう。

とはいえ、本書を通して創造性の回復に取り組めば、自分のいろいろな側面との出合いに導かれる。そのなかには、ずるい面やいやな面もあるかもしれない。それゆえ、決していい体験ばかりではなく、落ち込んだりすることもあるにちがいない。

しかし、最終的に、あなたはきっと自由になる。

ずっとやりたかったことを、やりなさい。——目次

［序文］私自身の旅
人はみな創造的な生き物——7
創造性の原理とは——11
本書の使い方——14
予想されること——15

基本ツール
モーニング・ページ——25
アーティスト・デート——33
創造の井戸を満たし、池に魚を放つ——35
【アーティストになる契約書】——39

第1週 安心感を取り戻す
影のアーティスト——41
誰の中にも、アーティスト・チャイルドが住んでいる——46
あなたの中の敵・否定的な思い込み——48

否定的な思い込みを明るみに出す方法 52
［今週の課題］ 57
［チェック・イン］ 60

第2週 アイデンティティを取り戻す

疑いが芽生えるとき 61
害になる遊び仲間 63
外部の敵・クレイジーメーカー 65
内部の敵・暗黙の疑い 70
日常の細部に気を配る 73
［今週の課題］ 79
［チェック・イン］ 82

第3週 パワーの感覚を取り戻す

怒りという燃料 83
シンクロニシティ 85
羞恥心という足枷 90
毒のある批評への対処法 96
探偵ごっこ 98
成長のリズムを見守る 100
［今週の課題］ 102
［チェック・イン］ 104

第4週 本来の自分を取り戻す

「大丈夫」なふりをやめる ―― 105
古い自分を喪失する ―― 109
埋もれた夢・エクササイズ ―― 114
一週間、活字を読まない・エクササイズ ―― 115
［今週の課題］ ―― 118
［チェック・イン］ ―― 120

第5週 できるという感覚を取り戻す

自分で自分を制限しない ―― 121
川を見いだす ―― 125
善人の罠 ―― 128
禁じられた楽しみのリスト ―― 133
［今週の課題］ ―― 135
［チェック・イン］ ―― 137

第6週 豊かさの感覚を取り戻す

大いなる創造主 ―― 139
気ままというぜいたく ―― 144
お小遣い帳・エクササイズ ―― 149
［今週の課題］ ―― 151
［チェック・イン］ ―― 152

第7週 つながりの感覚を取り戻す
聞くことの大切さ 153
完璧主義では前進できない 156
リスクを引き受ける 158
嫉妬は本心を隠す仮面 160
嫉妬の図・エクササイズ 162
考古学・エクササイズ 163
［今週の課題］ 164
［チェック・イン］ 166

第8週 芯の強さを取り戻す
喪失を乗り越えて生きる 167
アーティストの害となる先生 169
喪失をチャンスに変える 174
年齢は言い訳にはならない 179
手順を踏む 182
子どものときの条件づけ・エクササイズ 186
［今週の課題］ 188
［チェック・イン］ 191

第9週 思いやりの心を取り戻す

恐怖で前に進めない 193
熱意とは、「神に満たされる」こと 196
創作に挫折はつきもの 198
創造性を妨げる障害を打ち破る 204
[今週の課題] 206
[チェック・イン] 208

第10週 守られているという感覚を取り戻す

道に待ち構えている危険 209
ワーカホリックという逃げ道 213
不毛の時期 217
名声という麻薬 219
競争心という麻薬 221
[今週の課題] 224
[チェック・イン] 227

第11週 自立の感覚を取り戻す

ありのままの自分を受け入れる 229
成功はゴールではない 232
心を動かすために、体を動かす 235
アーティストの祭壇を作る 239
[今週の課題] 241

第12週 信じる心を取り戻す

【チェック・イン】――242
信頼するということ――243
創造性は、神秘の闇の中で育つ――245
イマジネーションの遊び――246
自分の望みを大切に育てるために――249
【今週の課題】――251
【チェック・イン】――253
【創造性回復の契約書】――254
終わりに――256
癒しの言葉――258
訳者あとがき――260

装幀――坂川事務所
装画――木村晴美
本文デザイン――浅香ひろみ
協力――逍遙舎

基本ツール

創造性の回復には、二つの重要なツール、モーニング・ページとアーティスト・デートがある。自らの創造性に触れていたければ、この二つを一貫して用いる必要がある。読者の疑問に答えるために、この二つのツールを詳しく紹介していこう。細心の注意を払って読み、実際に二つのツールを使っていってほしい。

モーニング・ページ

私は現在、十年間これを続けている。

モーニング・ページとはなんだろう？　ひと言でいうなら、三ページほどの手書きの文章であり、意識の流れをありのままにつづったものだ。

——ああ、また朝がきた。何も書くことがない。カーテンを洗わなくっちゃいけない。昨日、クリーニングに出した服を受け取ったっけ？　くだらない……。

もっとくだけた言い方をするなら、それは「脳の排水」と呼んでもいいかもしれない。脳の中を掃除することが目的だからである。

モーニング・ページには間違った書き方というものはない。この、日々の気楽な作文は、芸術をめざすものではない。作文とさえいえない代物だ。本書に取り組んでいる物書きではない方たちに、そのことを強調しておきたい。書くというのはさまざまなツールの一つにすぎない。モーニング・ページはただ手を動かし、心に浮かんでくるものをそのまま書きとめることをめざしている。卑劣なこと、愚かなこと、ばかげたこと、奇妙なこと、どんなことでもかまわない。

他人の目には触れさせないものなので、その内容は書いた本人であるあなた以外にはわからない。あなた自身も最初の八週間ほどは、それらを読み返さないようにしよう。

――一九九一年十月二日　起きると、頭痛がしたので、アスピリンを飲んだ。まだ震えが止まらないが、少しよくなった。風邪をひいたのかもしれない。荷解きはほとんどすんだのに、ローラからもらったティーポットがまだ見つからない。彼女がいなくてとても寂しい。心が痛む……。

あなたがモーニング・ページに書く怒りや、めそめそした泣き言は、あなたとあなたの創造性の間に立ちはだかっているものを表している。仕事や洗濯物、車のおかしなエンジン音、恋人の奇妙な視線といったものを思いわずらう気持ちが、私たちの潜在意識の中に渦巻き、日々の活動を邪魔しているのだ。それをモーニング・ページに書き出してみよう。

創造性を阻まれている私たちは、自分自身を容赦なく批判しがちだ。世間にアーティストとして通用しているように見える人でさえ、自分には何かが欠けているとか、何かが違っていると感じている。私たちは自分自身の内部に住む、完璧主義者に操られているのだ。

意地悪な批評家であるその検閲官は、私たちの左脳に住み、しばしば真実を装って破壊的な言葉を発しつづけている。たとえばこんなふうに言うのだ。「きみはそれを創作というのかい？　冗談はよしてくれ。きみは句読点を正確につけることさえできないじゃないか。今できなければ、これからだってできるわけがない。ほら、また字を間違えた。それなのに、創造的になれるなんて、とんでもない」

このことだけは心に銘記しておこう。「あなたの検閲官が繰り出す否定的な意見は真実ではない」。ただ、そう思えるようになるには訓練がいる。毎朝、ベッドから出て、まっすぐモーニング・ページに向かうことによって、あなたは検閲を逃れる方法を学ぶのだ。モーニング・ページには誤った書き方などないので、検閲官がなんと言おうと、的外れである。

検閲官には勝手にガタガタ言わせておけばよい。あなたに必要なのは、ただ手を動かしつづけることだけ。お望みなら、検閲官の意見を書いてもよい。それがいかにあなたの痛いところをつこうとするかを注意して観察してほしい。ただし、検閲官は狡猾《こうかつ》なので、捕まってしまわないよう注意しよう。

モーニング・ページを書くのにふさわしい気分などというものはない。実際に書いてみれば、気分など問題ではないことがわかるだろう。最良の作品が、自分のしているすべてが単なるガラクタだと感じているときに生み出されることもある。モーニング・ページは、判断するのを差し控えさせ、ただ書くことへとあなたを向かわせる。あなたが疲れていようと、気難しかろうと、気が散っていようと、ストレスにさらされていようとおかまいなしなのだ。

あなたの中のアーティストは子どもであり、食べ物が必要だ。モーニング・ページは、アーティスト・チャイルドに栄養を与えるだろう。だからぜひ、試してもらいたいのだ。もし何も書くことが思いつかなかったら、「何も思いつかない」と書いてほしい。三ページが全部埋まるまで書きつづけるよう。「なんのためにモーニング・ページを書くのですか？」と聞かれると、私は冗談でこう答える。「向こう側に行くためです」。みんなは私がからかっていると思うが、そうではない。モーニング・ページは文字どおり、私たちを向こう側に連れていってくれるのだ。私たちの恐怖や否定性、気分の向こう側である。私たちは、検閲官の戯言《ざれごと》が届かないところに、自分自身の静かな中心を見いだすのだ。そして、自分たちの創造主であると同時に自分自身でもある、静かなささやきを聞くのである。

ここで、論理脳とアーティスト脳についてひと言触れておきたい。論理脳は頭の左半球に位置する、選択する脳である。それは分類する脳であり、整然とした論理にのっとって考える。原則として論理脳は、常識に照らして世界を知覚する。たとえば、秋の森は「森」につけ加えられる一連の色とみなされる。論理脳は秋の森を、赤、オレンジ、黄色、緑、金色の集まりとして認識する。

論理脳はまた検閲官であり、私たちの生存に役立つ左脳の一部である。それは遠い昔、私たちが森を離れて、草原に出ていくことが安全かどうかを決めるときに使われた部分だった。私たちの検閲官は、草原を見わたして、危険な野獣がいないかどうかをチェックする。今ではふだん、常識的に生きているときに使われる。検閲官にとって、すべての未知なるもの、独創的な考えは危険をはらんでいる。前に何度も見たことがある安全な文章や絵画、彫刻、写真などを好み、実験的な言葉、ぞんざいな文章、走り書きといったものは好まない。

一方、アーティスト脳は私たちの発明者であり、子どもであり、常識にとらわれない自由な個人教授である。アーティスト脳は創造的で、ホリスティックな脳だ。それはパターンと陰影で考え、秋の森を見てこう思う。おお、葉っぱの宴《うたげ》だ！　なんと美しいことか！　金色にきらめく地球の皮でできた、王様のカーペット！

アーティスト脳は自由な連想を働かせる。それはボートを「波の馬」と呼ぶ北欧神話のように、新しいつながりをつくり、イメージをつなげて意味を生み出す。映画『スター・ウォーズ』では、スカイウオーカーいう名前がすばらしいアーティスト脳のひらめきによって生み出された。

なぜ論理脳とアーティスト脳について詳しく取り上げたかというと、モーニング・ページには、論理脳をいったん停止させ、アーティスト脳を自由に振る舞わせる効果があるからだ。

何かをしようとするたびに水を差されたら、誰がわずらわされずにいられるだろう？　モーニング・ページは、そのような嘲《あざけ》りに耳を傾けるのをやめる手段になる。否定的な検閲官から袂《たもと》を分かつことを可能にしてくれるのだ。

長期間、モーニング・ページを書いていて、予期せぬ内的な力に出合わずにいることは不可能である。これは内的な世界へと入っていく通路であり、明確な自己感覚を育む道なのだ。

モーニング・ページは私たちの内的世界の地図を描き出す。地図がなければ、私たちの夢は未開の地にとどまっているかもしれない。だが、モーニング・ページを用いれば、洞察の光は発展的な変化を引き起こす力と結びつく。そうなると、建設的な行動をとろうとせずに、一つの状況について毎朝何か月も、ただ不平ばかり言っているのはひじょうに難しいことだ。

私自身の夢が、まさにそうだった。

はじめてモーニング・ページを書いたとき、私はニューメキシコのタオスに住んでいた。なぜその地に赴いたかというと、自分自身を落ち着かせるためである。だが、どのようにして落ち着かせたらいいかはわからなかった。スタジオのやりくりがつかず、私は三回続けて映画製作を断念していた。脚本家にはありふれた災難だが、私にとっては、流産のように感じられた。流産が重なり、打ちひしがれた私は、映画作りにかかわることをやめたくなった。結局、私は壊れた心を癒し、ほかにもし、やりたいことがあるとすればそれは何かを見極めるために、ニューメキシコに行ったのだった。

北側にタオス山を望む小さなアドビーレンガ造りの建物に住んで、私はモーニング・ページを書きはじめた。誰にすすめられたわけでもなかった。誰かがそういうことをしているという話も聞いたことはなかった。ただ、モーニング・ページを書きたいという打ち消しがたい衝動を覚え、それに従ったのだ。私はタオス山を望む木のテーブルに座り、モーニング・ページを書いた。

モーニング・ページは私の格好の暇つぶしになった。それがなければ、一日中、ぼんやり山を見つめて過ごしていただろう。天候によって様相を変える、せむし男の背中のようなタオス山は、とても答えきれないほど多くの疑問を投げかけてきた。

そしてある雨の朝、ジョニーという名の登場人物がモーニング・ページの中にふらりとやってきた。私はプロットをたてずに、小説を書いた。モーニング・ページが道を示してくれたのだ。

真剣にモーニング・ページを書いている人は誰でも、自分の内部の知恵の源とつながるようになる。モーニング・ページは私たちを絶望から救い出し、思ってもみなかった解決へと導く。自分でどうしていいかわからないつらい状況や問題に出くわし、行き詰まったとき、私はモーニング・ページに向かい、導きを求める。自分のイニシャル「LJ」(Little Julie) を書いて、質問を投げかけるのだ。それから答えに耳を傾け、書きとめる。

LJ：この内的な知恵について、みんなにどう話したらいいと思う?

答え：誰でも神さまと直通の電話番号をもっていると告げるべきね。交換手を通す必要なんかないのよ。自分自身の問題でこのテクニックを試してみるよう、話したらどう? そうすれば、みんな試してみるんじゃないかしら。

この例は単純すぎると思われるかもしれない。しかし、与えられたアドバイスに従って行動すると、ひじょうにうまくいく場合が多いことを報告しておきたい。私がモーニング・ページを書きつづけているのは、実際にそれが役に立つからなのだ。

独創性にかけるケチな億万長者、ティモシーは半信半疑でモーニング・ページを書きはじめたが、三週間もしないうちに、モーニング・ページの唱道者になり、ささやかながら、創造的な楽しみをもちはじめた。「長年寝かせておいたこの古いギターのために弦を買ったんです」と彼はある週、報告してくれた。オーディオ機器を配線し直し、すばらしいイタリアンのCDを何枚か買ったという報告もあった。彼は夜明けに起きて、グレゴリア聖歌をかけ、自由にモーニング・ページを書いている。

長年、美しさの背後に知性を隠し、男の陰に隠れて暮らしていたフィリスは、表面的にはうれしそうにモーニング・ページに取り組んだが、内心では絶対効果がないと思い込んでいた。彼女は十年間、手紙と買い物リストを書く以外、書き物をしたことがなかった。ところがモーニング・ページをはじめて約一か月すると、どこから発想を得たのか、突然、フェリスは最初の詩を書いた。以来、モーニング・ページを続けた三年間のうちに、彼女は多くの詩とスピーチ原稿とラジオ・ショーの台本、そして一冊のノンフィクションの本を書いた。

しぶしぶではあるが、優雅にモーニング・ページを活用しているアントンは、俳優としての壁を取り除くことに成功した。作家、画家、ミュージシャンとしての才能はあるが、いまひとつだったローラは、モーニング・ページが彼女をピアノやタイプライターや絵の具に向かわせることを見いだした。

あなたははっきりと、「ずっとやりたかった○○をしたい」という目標をもって、本書に臨んでいるかもしれない。だが、このツールがどんな効果を発揮するかは、予測がつかない。ひょっとしてそれは、あなたが長い間無視してきた創造の能力や、気づいたこともない能力を解き放つかもしれない。作家としてのスランプを脱するためにモーニング・ページをはじめたインゲボルグは、二十年ぶりに作曲を手がけ、ドイツのトップの音楽評論家から作曲家への転身を果たした。

モーニング・ページにもっとも抵抗感を抱く人が、往々にして、それをもっとも愛するようになる。実際のところ、モーニング・ページを嫌うのは大変よい兆候なのだ。それを愛するのもよい兆候である（突然、愛さなくなっても書きつづけるという条件つきだが）。どちらでもない第三の立場にある人は、退屈さを覆い隠そうとしていることがあるので、よく自分の内面を探ってみてほしい。「こんなことをしてなんになるの？」という疑問にかられる方は、心の奥で絶望してしまっているのかもしれない。それを素直にモーニング・ページにぶつけてみよう。

もう一度言おう。三ページの余白を埋めさえすれば、何を書いてもいいのだ。

アーティスト・デート

アーティスト・ウェイのもう一つの基本ツールは、ツールではなく、気晴らしのように思えるかもしれない。モーニング・ページがどのような効果を発揮するかを理解するのは比較的簡単だが、アーティスト・デートと呼ばれるものには、はなはだ疑問を感じる人もいるだろう。しかし、アーティスト・デートもまた、かならず役に立つことを私は保証する。

この二つのツールの組み合わせを、無線の受信機と送信機の組み合わせとして考えてみよう。つまり、出て入ってくるという双方向のプロセスである。あなたはモーニング・ページを書くことで、送信する（自分自身のこと、自分の夢、不満、希望などについて）。一方、アーティスト・デートをすることによって、あなたは洞察やインスピレーション、導きなどを受信する。

しかし、実際のところアーティスト・デートとはなんだろう？　アーティスト・デートとは、あなた自身の創造的な心（それを本書では、内部のアーティストと呼ぶ）を育むために特別に確保される、週二時間ほどの時間のかたまりである。基本になるのはそのものずばり、デートだ。とはいっても、連れがいるわけではない。それは、あなたと内部のアーティスト、すなわち自分の内部にいる創造的な子どもとのデートなのだ。つまり、恋人も、友人も、伴侶《はんりょ》も、子どもたちとも無縁だということである。

内部のアーティストとのデートですって？

そのとおり。あなたは内なるアーティストを外に連れ出し、話を聞いてやる必要があるのだ。そうしたかかわりから逃れる言い訳は無数にある。「お金がない」というのもその一つ。しかし、誰もそのデートが出費のかさむものだとは言っていない。

あなたの中のアーティストは子どもである。親と過ごす〝時間〟のほうが、費やされる〝お金〟よりも重要なのだ。大型雑貨店に行く、ビーチへのひとり旅、ひとりで見る古い映画、水族館やアートギャラリーに足を運ぶ……どれも時間がかかるがお金はそうかからない。大切なのは時間をかけることなのである。たとえば、両親が離婚し、週末にしか片方の親と会えない子どもを思い浮かべてもらいたい。子どもが求めているのは、注目されることで、お金のかかるピクニックではない。子どもは、親との貴重な時間を、親の新しい恋人のような第三者がついてくることによって邪魔されたくないと思っている。

あなたの中のアーティスト・チャイルドとふたりきりで時を過ごすのは、自分を養うために欠かせない。長い田舎路の散歩、日の出や日の入りを見るためのビーチへの散歩、ゴスペル音楽を聴かせてくれる教会への小旅行、異国の風景や音を味わうための近隣の国への旅……。あなたの中のアーティストは、そんなひと時を楽しむだろう。ひょっとしたら、あなたの中のアーティストはボウリングが好きかもしれない。

毎週、アーティスト・デートに時間を割くようにしよう。そして、それから逃れようとするあなたの心の動きを観察してほしい。この聖なる時間がいかに簡単に奪われやすいか、いかに第三者の侵入によって邪魔されやすいかを見つめてほしい。そのうえで、侵入者から身を守る術《すべ》を学んでもらいたい。

もっとも大切なのは、アーティスト・チャイルドの言い分をきちんと聞いてやることである。たとえば、文化的に洗練された大人向けの場所にばかり連れていけば、アーティスト・チャイルドはこう叫ぶだろう。「こんなくそまじめなものは嫌い！」。こうした言い分を聞き逃さないでもらいたいのだ。そうすれば、自分の創作活動に何が欠けているかが見えてくるだろう。よい作品の核心には、遊び心があることを忘れずに。

あなたの中に、アーティスト・デートを避けようとする傾向があるとすれば、それは自分と親しむことを恐れているからにほかならない。しかし、自らの創造性としかるべき関係を取り結ぶには、じっくり時間をかけて自分と親しみ、自分を知る必要がある。

モーニング・ページは自分が何を考え、何を必要としているかを知らせてくれる。私たちはそれによって問題のありかを突き止め、自分がどんなことに関心をもっているかを知る。それが祈りに似た第一のステップである。第二のステップであるアーティスト・デートでは、その解決策が見えてくる。おそらくそれに劣らず重要なのは、アーティスト・デートによって、実際の創作に役立つ素材が蓄えられることだろう。

創造の井戸を満たし、池に魚を放つ

アートはイメージを駆使する活動だ。私たちは創造するために、内部の井戸からイメージを引き出す。創造の源であるこの内部の井戸は、たくさんの魚が放流された池に似ている。私たちはそこで大きな魚、小さな魚、太った魚、やせた魚などさまざまな魚を釣りあげ、調理する。アーティストである私たちは、そうした芸術の生態系を維持していかなければならない。もしそれを怠れば、私たちの創造の井戸は干上がるか、よどんでしまうだろう。

長期の創作活動は、創造の井戸から多くのものを引き出す。井戸を使いすぎると、池の魚をとりすぎるのと同じように資源の減少を招く。そうなると、私たちは自分に必要なイメージを引き出せなくなり、作品は干上がってしまう。いざイメージのストックがなくなるまで、私たちはなかなかそれに気づけない。私たちはアーティストとして、自分の栄養を保つ方法を身につけなければならない。自分の中にある創造の資源を使うときには、意識してその補給にも気を配る必要がある。いってみれば、池に魚を補充するのだ。私はこれを、「創造の井戸を満たす」と呼んでいる。

創造の井戸を満たしておくには、積極的にイメージを追いかけること。アートは物事の細部に注意をこらすことによって生み出される。よく、アートは苦しみから生まれるといわれるが、それは、苦しみが細部（たとえば、失った恋人の痛々しいほど美しい首の曲線）に注目するよう強いるからだ。もちろん、アートには、広範な手法や壮大な枠組み、偉大なプランといったものも欠かせない。けれども、私たちの心に居残りつづけるのは、細部に対する注意なのだ。

創作活動はアーティスト脳の働きである。アーティスト脳は私たちのイメージの脳であり、創造的衝動の源だ。アーティスト脳を活発に働かせるには、言葉だけではだめで、視覚、聴覚、味覚、触覚といった感覚に訴える魔法を活用しなければならない。魔法こそ、アートの基本的な武器なのだ。

魔法は喜びや楽しみをもたらす活動の中に潜んでおり、義務的にこなす活動の中にはない。だから、できるだけ自分にとって興味のあることや、関心を抱けるものを探求してもらいたい。そして、うまくやろうとせず、神秘を大切にしてほしい。

義務は私たちを無感覚にさせ、興味を失わせるが、神秘は私たちを引きつけ、導いてくれる。創造の井戸を満たすときは、神秘的な感覚を大切にしてもらいたい。神秘はじつは、きわめて単純なものだ。いつも通っている道を変えてみるだけで、私たちは「今」に投げ込まれ、世界を新鮮な目で見られるようになる。

お香を焚《た》くといった簡単な行為でも、神秘をかもし出すことがある。香りは強烈な連想やヒーリングを生み出すにもかかわらず、無視されやすい。時節を問わずクリスマスを思い出させる匂《にお》いや、新鮮なパン、手作りのスープの香りは、私たちの内部のアーティストを刺激し、いろいろなイメージをかきたてる。

その他、すばらしい音楽にほんの十分、耳を傾けるだけで、きわめて効果的な瞑想になるし、ドラムのリズムに合わせて五分ほど裸足で踊ることが、私たちの創造の心をもみほぐしてくれる場合もある。

創造の井戸を満たすのに目新しさを求めたり、奇をてらう必要はまったくない。ごく身近なこと、たとえば料理だってかまわない。野菜の皮をむいたり切ったりするとき、私たちのイマジネーションもいっしょに働いている。アーティスト脳は理性ではなく、リズムを通して刺激される。ニンジンやリンゴの皮をむくという行為が、文字どおりイメージを養う食べ物になるのだ。

規則正しい反復的な行為も創造の井戸を満たしてくれる。針仕事は心を鎮めてくれると同時に、芸術的なセンスを刺激する。縫い物をしているときは、物語の構想を練っているのと同じ脳が働いているのだ。

「シャワーを浴びている最中に、どうして最高のアイディアが浮かぶのだろう?」とアインシュタインは腹立ちまぎれに言ったという。現在の脳研究は、シャワーを浴びることがアーティスト脳の活動を盛んにすることを明らかにしている。

シャワー、スイミング、体をごしごしこすって洗うこと、ひげ剃《そ》り、車の運転……すべては論理脳からより創造的なアーティスト脳へと移行させてくれる、規則的で反復的な活動である。皿洗いの最中や、車線変更を巧みにしているときに、思いがけない創作のヒントが浮かんできたりするのはそのためだ。

自分にもっとも効果的な方法を見いだし、活用してもらいたい。多くのアーティストは、ドライブをするときにノートやテープレコーダーをわきに置いておくと便利だと語っているし、スティーブン・スピルバーグは、最良のアイディアがフリーウェイをドライブしている際に浮かんできたと述べている。これは偶然ではない。車の流れの中で運転をしているとき、私たちは刻々と移り変わるイメージの流れの中に浸るアーティストになっているのだ。

創造の井戸を満たすには注意を集中することが欠かせない。私たちは体験を無視するのではなく、体験と出合う必要がある。多くの人は、意識を遮断するために強迫観念的に本を読む。混みあった電車の中で新聞に没頭し、創造の井戸を満たすのに必要な視覚的なイメージや周囲の音を見失う。

アーティストの障害は認識され、取り除かれなければならない。創造の井戸を満たすことは、そのためのもっとも確実な方法となる。

アートは時間の中でのイメージの遊びである。どうか自分を遊ばせてあげてほしい。

アーティストになる契約書

私はワークショップの生徒たちに、自分自身と契約するように言う。あなたが本気でこのコースに取り組むことを、なんらかの小さな儀式を通して承認してもらいたい。モーニング・ページのためのノートを買い、毎週行うアーティスト・デートのためにあらかじめ時間のやりくりをしておこう。

次に掲げる契約書を読み（お望みとあらば、書き直してもいい）、日付を入れ、署名しよう。コースを続けていくのに励ましが必要になったら、契約書を読み返してみよう。

アーティストになる契約書

私　　　　　　　　　　　は、十二週間の創造性回復のコースに参加し、集中的な訓練のもとで、自分自身の創造性の回復に努めます。

私　　　　　　　　　　　は必要な読書を毎週、モーニング・ページを毎日、アーティスト・デートを週に一度行い、毎週の課題をこなします。

私　　　　　　　　　　　は、このコースが、取り組まなければならない問題や、やっかいな感情を生み出したりすることもあると理解しています。

私　　　　　　　　　　　はこのコースをしている間、自分を大切にします。充分な睡眠をとり、体を動かし、食事に気を配り、自分の欲求を満たしてやることを誓います。

年　　月　　日

署名

第1週 安心感を取り戻す

いよいよ創造性を回復する旅の第一歩です。あなたは期待に胸をふくらませているでしょう。と同時に、まだ半信半疑で、肩に力が入っているかもしれません。これからご紹介する文章、課題、エクササイズは、あなたに安心感を取り戻させるためのものです。この感覚があれば、あまり恐れずに自分の創造性を探求することができるでしょう。

影のアーティスト

創造性豊かに育つには、まわりの人の支えと励ましが必要である。理想をいうなら、まず、家族から支えられ、のちに友人や教師、その他の人々によって支えられることが望ましい。ところが、不幸なことに、そうした支えや励ましは簡単には得られない。

自分の親のことを考えてみよう。子どもがなんらかの創作意欲を示したときに、「やってごらん」と挑戦させてくれる親がどのくらいいるだろう。ほとんどの親は、子どもを支えてやるべきときに、警戒心を煽《あお》るような忠告をすることのほうが多い。

子どもは誰でも創造性を内に秘めている。とはいえ、それはまだ未熟なものにすぎない。そんな子どもに警戒心をつのらせるような忠告をすれば、どんな結果を招くかは明らかだろう。

臆病《おくびょう》な幼いアーティストたちは、不安を煽るような親の忠告に出くわすと、ますますおびえ、アーティストになりたいという輝かしい夢を早々とあきらめてしまう。その結果、輝きを失ったたそがれの世界の中で、満たされぬ思いと後悔を抱きつづける。

このように、アーティストになりたいという夢を抱きながらも失敗するのが怖くて一歩を踏み出せず、葛藤《かっとう》している人間がたくさんいる。私が影のアーティストと呼んでいるのはまさにそうした人たちなのだ。

典型的な影のアーティストを一人紹介しよう。芸術作品の収集を趣味とするみじめな億万長者の証券マン、エドウィンだ。

子どものころ、彼はビジュアル・アートの才能に恵まれていたが、財政学のコースに進むよう、周囲から強くすすめられた。二十一歳の誕生日に、父親は彼に証券取引所の取引に参加する権利を買い与えた。それ以来、彼はずっと証券マンとしてやってきた。三十代の半ばに達した今、彼は経済的にはとても恵まれているが心貧しい生活を送っている。創造することによって得られる充実感は、お金では買えないのだ。

アーティストと芸術作品に囲まれた彼は、お菓子屋のショーウィンドウに鼻を押しつけている子どもに似ている。自分も、もっと創造的になりたいと思っているにもかかわらず、それは他人だけに与えられた特権であり、自分自身には望めないものと信じきっているのだ。

寛大な彼は、最近、ある女性アーティストに一年間の生活費を贈った。彼女が夢を追いかけるのを支援したのだ。アーティストという言葉が自分には適さないと信じ込まされて育った彼は、自分自身に同様な贈り物をすることができない。

エドウィンのケースは珍しいものではない。子どもの創作意欲はあまりにしばしば無視されたり、抑圧されたりする。親は、だいたい善意からではあるが、子どもを創造的な人間ではなく、良識のある人間に育てようとする。だから、「白昼夢を見るのはやめなさい！」とか「夢みたいなことばかり考えていたら、何にもなれないわよ」と口をすっぱくして言うのだ。

赤ん坊であるアーティストは、赤ん坊の医師や弁護士のように考え、振る舞うよう強要される。子どもが豊かな創造性を内に秘めているという神話をつきつけられても、それを応援してやろうとする家族はめったにない。よしんば何かを創作してみることをすすめるとしても、趣味や楽しみとしてやってみるようアドバイスする程度にすぎない。

多くの家族にとって、芸術を生業《なりわい》にすることは、社会的にも、経済的にも認めがたいことである。それで日々の生活費をまかなっていくのはそうやさしくはないからだ。その結果、芸術にかかわる仕事につく場合でも、子どもは経済的な面を優先して考えるようになる。

子ども専門のセラピスト、エリンは三十代の半ばになって、仕事に不満を抱くようになった。仕事では有能なのに自分が何をしていいかわからなくなった彼女は、子どもの本を映画用に脚色しはじめた。脚本を書き進めていく中で、彼女はある日、自分の中の幼いアーティストを捨てる夢を見た。

セラピストになる前の彼女は、才能ある芸術専攻の学生だった。それにもかかわらず二十年間というもの、エリンは自分の創造的衝動を抑圧し、創造性のすべてを、他人を助けることに注ぎ込んできた。そして、四十歳に近くなった今、ほかならぬ自分が助けを求めていることを発見したのだ。

エリンの話もごくありふれている。駆け出しの画家は絵画の先生や、障害者に手工芸を教える教師になるようすすめられる。若い作家たちは、頭の回転が速いということで、弁論術を要求される弁護士や医師になるようすすめられる。こうして生まれながらの作家が、人の話を聞く才能のあるセラピストになる、といったことがよく起こる。

おびえが強すぎてアーティストになれない人、自己評価が厳しすぎて自分がアーティストになる夢をもっていることを認められない人、そういう人たちが影のアーティストになる。影のアーティストは、積極的にアーティストになる夢を追いかけている人たちの周辺によく見つかる。

ジェリーは大好きな映画作りの仕事にまだ踏み込めずにいたとき、才能はあるが文なしのフリー・ライター、リサとつきあいはじめた。彼はことあるごとに「ぼくはきみの大ファンだよ」と彼女に告げ、自分自身も映画製作者になる夢をもっていることは、おくびにも出さなかった。実際に、彼は映画に関する本をことごとくそろえており、映画製作の雑誌をむさぼり読んでいた。けれども、自分の夢を実現する一歩を踏み出すのを怖がり、ためらっていた。代わりに、アーティストとしてのリサを助けることに心血を注いだのだ。

彼の導きのおかげで、彼女の仕事は花開いた。リサは好きなことをして食べていけるだけの収入を得られるようになり、有名になった。一方のジェリーは才能をくすぶらせたまま、とどまっていた。リサが映画製作について本格的に学ぶようすすめると、こう言い逃れた。「誰もがプロになれるわけじゃないからね」。それは彼女にではなく、自分自身に言った言葉だった。

影のアーティストはアーティストという種族に引かれるが、自分も生まれながらのアーティストであると主張できない。アーティストと影のアーティストの差は微妙なもので、才能ではなくずうずうしさが、ある人物をアーティストにし、ある人物を影のアーティスト（夢を白日のもとにさらすと消滅してしまうのではないかという恐怖から、影に隠れているアーティスト）にするというケースがよくある。

影のアーティストは影の職業を選ぶ場合が多い。自分が本当に好きな職業ではなく、それに近いものや、それに関連する職業につくのだ。

フランソワ・トリフォーは別に悪意からではなく批評家だったときの自らの体験から、批評家は監督としての素質を発揮できないでいる監督であると述べた。彼の言っていることは、おそらく正しいだろう。未来のフィクション作家は夢に見た作家にならずに、自分の才能を発揮できる新聞記者や広告業界の仕事につくことが多い。アーティストのマネージャーになり、側面から自分の夢に仕えることによって、間接的に楽しみを得ようとする者もいる。

キャロラインは有能な写真家でありながら、他の写真家に代わって写真を撮ることで不幸にも成功した。長編映画のシナリオを書くことに憧れたジーンは、三十二秒のコマーシャル用の短編映画を書いた。作家になることを夢見ていたケリーは、自分の才能を真正面から見据えることを恐れ、ゴースト・ライターになった。

私の経験からいうと、影のアーティストは自分に厳しくあたり、夢の実現に向けて努力してこなかったと自分を責める傾向がある。こうした自分に対する厳しさは、影のアーティストとしての地位を強めるだけにすぎない。創造性を育むには、養分が必要であることを思い出してもらいたい。影のアーティストは充分な滋養を受け取ってこなかったのだ。

適者生存の考えに取りつかれている私たちは、真のアーティストというものを、「もっとも過酷な状況にたたされても、それを乗り越え、自らの天職を見いだすことができる人物」と思いがちである。これはまったくのたわごとだ。

才能に恵まれていても、たまたま若くして親になったり、生活に追いまわされたりして、アーティストになる夢を果たせないでいる者もたくさんいるのだ。

すべての影のアーティストにとって、人生は決して満ち足りたものではない。物を書きたい、絵を描きたい、演劇をしたい、音楽を作りたい、ダンスを踊りたい、何かしたい……そんなふうに思っても、彼らは怖くてそれを真剣に受け止められないのだ。

影のアーティストが影から日なたに出てくるには、自分自身の熱い思いを正面から受け止める必要がある。あせらず着実に努力することで、自分の中の幼いアーティストを、養い育てなければならない。

創造性は遊びである。しかし、影のアーティストにとって、自分に遊びを許すのはたやすくはない。

誰の中にも、アーティスト・チャイルドが住んでいる

あなたの中の、まだ幼児であるアーティストを見いだし、守ってやってほしい。創造的になることを学ぶのは歩き方を学ぶのに似ている。アーティスト・チャイルドはハイハイからはじめなければならない。

よちよち歩きがそれに続く。転ぶこともあるだろう。

はじめての絵、編集していないホーム・ビデオのように見える最初の映画、読むに耐えられない最初の詩。影のアーティストはこれらのまだ練習段階の結果をみて、アーティストになる夢を早くも断念してしまう。

最初は誰でも未熟なのがあたりまえなのだ。それなのに、自分の未熟な作品を熟練したアーティストの傑作と比べたり、批判的な友人に見せたりするのは、自分の中の幼いアーティストを虐待するようなものである。

創造性を妨げる障害を取り除くには、あせることなく、おおらかにゆっくりと進まなければならない。ここで追求しているのは、古い傷を癒すことであって、新しい傷を創造することではない。どうか背伸びをしないでもらいたい！　失敗は必要なのだ！　つまずくのはあたりまえなのだ。まだあなたがよちよち歩きの段階にいることを自覚してほしい。私たちが自分自身に求めるべきなのは進歩であって、完璧さではない。

創造性の回復はマラソンのトレーニングに似ている。私たちは一マイル速く走るたびに、十マイルゆっくり走る必要がある。これはエゴの性分に合わないかもしれない。エゴはすぐにでも偉大になりたいと思うが、回復の道は直線ではない。それは紆余《うよ》曲折のある曲がりくねった道なのだ。

自分にとっても、他人にとっても、自分がかっこ悪く見えることが何度もあるだろう。だが、恥をかきたくはない、かっこよく見られたいという欲求は捨てなければならない。創造性を回復する道の途中で、いつもスマートでいることなど不可能だ。

創造性を回復するには、喜んで下手なアーティストにならなければならない。初心者であることを自分に許そう。いさぎよく下手なアーティストになることで、あなたは時間をかけて、よいアーティストになれるチャンスをつかむのである。

ワークショップでこの話をすると、即座に皮肉な答えが返ってくる。「でも、やっとまともな作品を『演じる』『書く』『描く』ことができるころ、私は何歳になっていると思います？」

その気持ちはよくわかる。

だが、作品を生み出せるようになろうがなるまいが、同じように年を取る。さあ、さっそく、はじめよう。

あなたの中の敵・否定的な思い込み

人生のほとんどの時間、私たちは創造性をせき止めて生きている。そうするのが安全だと思っているからだ。

創造性を存分に発揮するとは、どういうことを意味するのだろう？　そのとき、自分やまわりの人にどんなことが起こるのだろう？

この問いについて、私たちはいくつか恐るべき考えをもっている。だから、創造性を発揮できないままでいることに甘んじるのだ。意識してそうした選択をすることはめったにない。むしろそれは、心の中に埋め込まれた否定的な思い込みに対する無意識の反応であることが多い。今週は、私たちの否定的な思い込みを明らかにし、手放すことを試みよう。

以下にあげるのが、共通して抱かれている否定的な思い込みのリストだ。

〈私が創造的なアーティストとして成功できないのは……〉

◎みんなに嫌われそうだから。
◎友人や家族を傷つけるから。
◎頭がおかしくなりそうだから。
◎友人や家族を見捨てることになるから。
◎字が正確に書けないから。
◎アイディアに乏しいから。
◎親の反対にあいそうだから。
◎孤立してしまいそうだから。
◎下手な仕事をしてばかにされそうだから。
◎カリカリした人間になりそうだから。
◎お金になりそうにないから。
◎自己破壊的になって、酒やドラッグ、セックスにはまってしまいそうだから。
◎恋人を失ってしまいそうだから。
◎死んでしまいそうだから。
◎成功するのが無理だとわかり、落ち込んでしまいそうだから。

◎自分の中にたった一つしかよい作品をもっていないから。
◎もう遅すぎるから。

これらの否定的な思い込みは、両親やびくびくしながら生きている友人を通して、また信仰や社会通念を通して培われたもので、すべて単なるイメージである。

このなかでもっとも強い影響力をもっているのは、社会通念を通して植えつけられた〝常識〟だ。しかし、常識を心の中から一掃したとしても、家族や教師や友人から得た否定的な思い込みがしつこくつきまとい、放っておけば、やはり足元をすくわれてしまうだろう。ここで私たちがしなければならないのは、それらに直面することなのだ。

否定的な思い込みはまさに思い込みであり、事実ではない。

以前、誰もが地球は平らだと信じていたが、事実はそうではなかった。同じように、あなたが自分自身を、「無口な変わり者で、自己中心的で妄想癖があり、愚か者だ」と信じていても、それはあくまでも思い込みであって事実ではない。

あなたは否定的な思い込みにとらわれているゆえに、おびえているのだ!

つまり、個人的な事情や文化的事情によってあなたの中に植えつけられた否定的な思い込みが、あなたの痛いところを小突きまわすのをやめないのである。それらはあなたの性的な能力、愛らしさ、知性など、つけ込めそうなものには何にでも攻撃をしかけてくる。

親や教師によって植えつけられたまま、ずっと放っておかれた否定的な思い込みは、強力な障害の土台になる可能性がある。したがって、それらを打ち消す肯定的な信念を、自分の中に培う必要がある。たとえばアーティストであっても、酒びたりにならずにしらふでいられるし、金銭的にもきちんとした生活ができる。孤独と苦悩に生きなければならないはずもなく、他人から親しまれ、幸福な生活だって送れる、という信念である。

何層にも折り重なった否定的な思い込みの皮を一枚ずつ剝《は》いでいくと、かならず中核をなす思い込みに突き当たる。「アーティストになる夢を果たすには、他のいっさいの夢を捨てなければならない」という思い込みだ。

この思い込みゆえに、アーティストになるのはあまりにリスクが多すぎて自分には向かない、と決めつけてしまう者が後を絶たない。

才能をせき止められているほとんどのアーティストは、自分でも気づかずに「二つに一つ」の思考法にはまっている。それが自分と作品との間に立ちはだかるのだ。障害を取り除くには、まず、自分が「二つに一つ」の思考法にとらわれていることを認識しなければならない。「私は恋をして幸せになるか、アーティストになるか、二つに一つだ」「私は経済的に成功するか、アーティストになるかのいずれかだ」

実際はアーティストでありながら、恋にも恵まれることだってあるだろうし、経済的にも成功するということは充分に考えられる。

否定的な思い込みは、往々にしていわれのない恐れと結びついている。たとえば、単語を知らないことに負い目を感じ、「自分は文章が下手だ」と思い込んでいるとしよう。そんな人は、単語力がないことを他人に知られたくないばかりに、それを補ってくれるコンピュータのプログラムに頼ることすらためらったりする。その結果、いつまでも解決策を見いだせないのだ。

では次に、自分がどんな否定的な思い込みをもっているかを明らかにする、有効な方法を紹介しよう。

否定的な思い込みを明るみに出す方法

創造性を発揮できないでいる私たちは、傍観者として他人の作品を終始批評しがちである。「彼はたいして才能がないよ」。話題のアーティストについてそんなふうに言ったりする。ひょっとしたらそれは当たっているかもしれない。アーティストを表舞台に立たせるのは、才能ではなく、押しの強さである場合が多すぎるからだ。

創造性を阻まれている私たちは、脚光を浴びている偽のアーティストに敵愾心《てきがいしん》を抱きやすい。本当に才能があるアーティストには一目置くかもしれないが、自己宣伝の天才には憤りを感じてしまうのだ。

それは単なる妬みではない。停滞した自分自身を正当化するための口実なのだ。私たちは、自分自身や自分と同じように創造性を発揮できないでいる人たちに向かってこんなふうに言う。「もしチャンスがあったら、私だってもっとうまくできたのに……」

たしかに、自分で一歩を踏み出しさえすれば、あなたはもっとうまくできたかもしれない。しかし、恐れのためにその一歩を踏み出せなかったのは自分自身なのだ。

一歩を踏み出すには、自分を肯定することからはじめなければならない。自分を批判する十分の一でも自分をうまく肯定できるようになれば、大きな変化が起こるだろう。

自分を肯定すれば、安心感が芽生え、希望がふくらむ。だが、たいていの人は自分を肯定することに慣れていないので、最初のうちは、陳腐に思えたり、ばかばかしく感じたりするかもしれない。気恥ずかしいこともあるだろう。自分をほめたりすると、どうしても最初のうちは甘ったるく聞こえ、とてもいけないことをしているように思えるのだ。私たちは、「私には特別な才能なんてない。そんなに賢くもないし、独創的でもない。そんなに若くもない……」といった言葉で、絶えず自分をいじめることには慣れているのに、自分をほめるのはひじょうに苦手なのだ。だが、あなたも試してみてほしい。

「私は愛されるに値する」「私は高額のギャラをとって当然だ」「私は報いのある創造的な人生を送るに値する」「私は才能ある成功したアーティストである」「私は創造的な才能に恵まれている」「私は有能であり、自分の作品に自信をもっている」

こうしたことを自分に言い聞かせると、あなたの中のいじわるな検閲官が聞き耳を立てないだろうか？　検閲官は自尊心を匂わせるすべてのものを忌み嫌う。肯定的な言葉を耳にすると、彼らはすぐに水を差そうとする。「お前はいったい、自分を何さまだと思っているんだい？」とささやくのだ。

それでも肯定的な言葉を選び、自分に言ってみよう。たとえば、「私（あなたの名前）はすぐれた才能をもつ多作な陶芸家（画家、詩人、音楽家、その他なんでも）だ」というような言葉。それをノートに十回書いてもらいたい。そうしていると、あなたの中の検閲官がわめきはじめるはずだ。「おい、ちょっと待てよ。お前、自分について、そんなに肯定的なことが言える身分なのか」。こんな反論が、焼けたトーストのようにポンと躍り出てくるだろう。

それらは、ふだんあなたが無意識のうちに口にしている言葉である。

「すばらしい才能があって多作だって……確かなのかい？　いつからなんだい？　正確なつづりすらでき

ず、書けないのに多作だと言うのかい？　自分をからかっているだけだろう。愚か者め、妄想だよ」

あなたは、潜在意識から浮かびあがってくる不快な声に驚くだろうが、じっとがまんして聞いたことすべてを書き出してみよう。それがあなたが抱いている否定的思い込みの応援歌であり、あなたが自分を解放するのを妨げている障害物である。

潜在意識から浮かびあがってくる否定的な言葉を書き出したら、次に、ちょっとした探偵ごっこをしてほしい。その否定的な言葉はどこから来たのだろう？　母親？　父親？　それとも先生？　ありえそうな源をすべて探ってみてもらいたい。

出どころを突き止める一つの効果的な方法は、タイム・トラベルをすることだろう。まず、これまでの人生を五年ごとの単位で区切り、それぞれの時期に自分に大きな影響を及ぼした人物の名前をあげていく。

ポールはずっと作家になりたいと思っていた。だが大学で短期間、猛烈に創作に打ち込んだあと、書いたものを人に見せるのをやめてしまった。憧れていた短編小説を書く代わりに彼は日記を書き連ね、詮索《せんさく》好きな他人の目の届かない引き出しにしまっておいた。なぜそんなことをしたのか、無意識に口にする否定的な言葉の源を探ってみるまで、自分にもわからなかった。

自分を肯定する言葉を書きはじめると、ものすごい勢いで自分を非難する声が浮かびあがってきて、ポールは心を揺さぶられた。

「ポールこと私は、才能にあふれた、多作な作家だ」と書いたのだが、とたんに無意識の底から、自分を非難し、疑う言葉が奔流のようにあふれ出してきたのだ。それは耳を覆いたくなるほど具体的で、なぜか親しみがあった。「お前は単に自分をからかっているだけさ。お前は愚かで、なんの才能もない。才能のあるふりをした芸術愛好家にすぎんのだよ。冗談にもほどがある」

この核心的な思い込みはどこからきたのだろう？　こんなことを言えるのは誰なんだろう？　それはいつだったのだろう？　ポールは過去にタイム・トラベルしてその悪覚を捜した。その人物を突き止めた彼は、大きなとまどいを覚えた。そのとおり、悪覚はいたのだ。だが、それは彼にとってあまりに恥ずかしい出来事だったので、誰にも口外せず、自分ひとりの胸にしまっておいたのだ。

それは大学に入ったばかりのころのこと。最初のうちポールの作品を認め、ほめてくれていた教師が、ひどいことに彼を性的に誘惑しはじめたのだ。ポールは自分が男性の注意を引きつけてしまったことを恐れるとともに、作品までだめになってしまうのではないかと心配し、その出来事を無意識に封じ込めたのだ。そして、無意識の中でそれは化膿《かのう》していった。彼が誰かにほめられると、かならず恐怖を感じたのもうなずける。誰かが作品をほめてくれても、心の底からほめられている気がしなかったのも理解できる。

ポールの否定的信念を探っていくと、その核には、どうせ物を書いても誰にも評価してもらえないという思い込みがあった。その思い込みが十年間というもの、彼の思考を支配してきたのだ。人に作品をほめられると、かならず彼はその言葉を疑い、相手の動機を疑った。そうやって、友人を信じることをやめてしまったため、彼の才能に興味を示す友人をほとんど失ってしまった。ガールフレンドのミミが「あなたには才能があるわよ」と言ったときでさえ、彼は彼女を信じなかった。

いったん、心の奥から怪物を引き出すことに成功すると、対処できるようになった。「私ことポールは、本物の才能をもっている。　私は肯定的な反応を信じ、楽しむ。　私は本当の才能をもっている……」。自分を肯定するのは、最初はとても不快だった。だが、自分を肯定することで、お互いの作品を批評しあう会にも出られるようになった。そして、自分の作品が称賛されたとき、素直に受け入れることができた。
あなた自身の否定的な声に耳を傾けてみよう。創造性を回復するために、これはきわめて重要である。あなたをがんじがらめにしてきた一つひとつの思い込みを解体しなければならない。

〈アーティストを自由にする肯定の言葉〉

◎私は創造することに喜びを感じる。
◎私は自分が創造的になっていくのがうれしい。
◎私は自分の中のアーティストが育ってほしいと願っている。
◎私は創造性を通して奉仕することに喜びを感じる。
◎私は自分の創造的な才能を用いることに喜びを感じる。
◎私の創造性はいくつかの簡単なツールを用いて花開く。
◎私の創造性はつねに私を真実と愛に導く。
◎私の創造性は自分自身や他の人を癒す。
◎私は自分の創造的なエネルギーを感じることに喜びを感じる。
◎私の創造性は自分や他者を許しに導く。
◎私にとって創造性とは創造主の意思である。
◎私の夢は神からやってくる。神はそれらの夢を実現するパワーをもっている。
◎私は神の創造性が実現される回路であり、よい作品が生まれるのは当然である。

［今週の課題］

これから毎朝、目覚まし時計を三十分早くセットして早起きし、手書きで三ページ、心に浮かんでくることをそのまま書き連ねる。書いたものを読み返さないこと。他人にも見せないこと。できれば、封筒にそれを入れておくか、どこかに隠しておくとよい。この〝モーニング・ページ〟は、きっとあなたを変えるだろう。

①今週は、モーニング・ページの終わりに、自分を肯定する言葉を書き、否定的な声が聞こえたら、それを肯定的な言葉に変える作業をかならずやってみよう。

②自分の中のアーティストとデートをする。これはコースが続く間、毎週やるといい。たとえば、五ドルもって近所のディスカウントショップに行き、黄金の星のステッカー、ミニチュアの恐竜、はがき、スパンコール、ノリ、子ども用のはさみ、クレヨンなど、ほんのちょっとしたものを買う。毎日、モーニング・ページを書いて、封筒に入れたら、黄金の星のステッカーをそれに貼ってもよい。むろん、単なる楽しみのために。

③タイム・トラベルその一。あなたの創造性を邪魔する三人の敵をリスト・アップする。できるかぎり具体的なほうがよい。過去にあなたの創造性を妨げた怪物は、あなたの否定的な思い込みの土台であり、言ってみれば、あなたにとっての怪物の殿堂である。回復が進めば、より多くの怪物が浮かんでくるだろう。創造的な傷を認識し、深く悲しむことが絶対に必要だ。さもないと、それらが傷跡になり、成長を妨げるようになる。

④タイム・トラベルその2。怪物のなかから一人選び、ホラー小説を書いてみる。「いきなり無理だ！」という心配はいらない。長々と書く必要はない。蘇ってくることをメモするだけでいい（あなたがいた部屋、人々があなたを見る目つき、あなたが感じたこと、そのことを話したときの両親の反応など）。その出来事であなたの中に長く残っているすべてのものをひっくるめるように。たとえば、「彼女があの嘘《うそ》っぽい笑いを浮かべて、私の頭を軽くたたいたのを覚えている……」というように。あなたの古い怪物のスケッチを描いたり、その出来事のイメージを描いてみるのも気分がすっきりしていいだろう。怪物をやっつけるマンガを描いたり、怪物に赤い色でバッテンをつけるのもいいかもしれない。

⑤あなたを守ってくれる編集者がいると仮定し、手紙や電子メールを書いてみよう。それを自分宛てに送るのだ。あなたの傷ついたアーティスト・チャイルドの視点でこの手紙を書いてみるとおもしろい。

⑥タイム・トラベルその3。あなたの創造性を認めてくれた三人のチャンピオンを列挙する。これは、あなたが創造的であることを願ったチャンピオンの殿堂である。できるだけ具体的なほうがよい。誰かに言われて励ましになった言葉をすべて思い出してもらいたい。たとえ、あなたがお世辞を信じなくても、それを書きとめてほしい。ひょっとしたらそれは、本心から出たものかもしれない。もしいい言葉が見つからなかったら、タイム・トラベルの記録を振り返ってみて、肯定的な記憶を探してもらいたい。いつ、どこで、なぜ、あなたは自分のことをいいと思ったのか？　誰があなたを励ましてくれたのか？　ほめられた言葉を書き出して飾りたくなったら、モーニング・ページを

書く場所や車のダッシュボードにそれを貼ってみてはどうだろう。私は物を書くときに元気をもらうため、コンピュータの片隅にそれを貼っている。
⑦タイム・トラベルその4。それを読むと幸せな気分になれる励ましの言葉を一つ選び、書き出してみよう。それを言ってくれた相手に、お礼の手紙やメールを書こう。
⑧もしあなたがあと五回の人生を送れるとしたら、それぞれの人生で何をするだろう。私の場合、パイロット、カウボーイ、物理学者、霊能者、僧侶《そうりょ》である。あなたなら、スキューバ・ダイバー、警察官、子どもの本の作家、フットボール選手、ベリー・ダンサー、画家、パフォーマンス・アーティスト、歴史の教師、ヒーラー、コーチ、科学者、医師、平和部隊の隊員、心理学者、漁師、牧師、自動車の修理工、大工、彫刻家、弁護士、コンピュータのハッカー、メロドラマのスター、カントリー歌手、ロックン・ロールのドラマーなどになりたいかもしれない。どんなものが浮かんできても、それを書き出してもらいたい。考えすぎは禁物。このエクササイズの目的は楽しむこと。さらに楽しむために、リストのなかから一つ選び、実際にやってみる。たとえば、あなたがカントリー歌手と書いたなら、ギターを抱えて歌ってみたらどうだろう？
⑨自分を肯定する言葉を書き出す作業をしていると、古い心の傷や、怪物が蘇ってくることがある。もし蘇ってきたら、それらをリストに加えよう。そして、否定的な声の一つひとつを肯定的な言葉に変えていこう。
⑩あなたの中のアーティストといっしょに散歩する。たった二十分間の散歩でも、意識を劇的に変えることがある。

［チェック・イン］

チェック・インは毎週やってもらいたい。日曜日から土曜日までを一区切りとしてこのコースをやっているなら、毎週、土曜日にチェック・インをすればよい。創造性の回復は自分のためのものだということを思い出してもらいたい。大切なのは、あなたがどう思ったかなのだ。コースを進めていくうちに、ますます興味は深くなっていくだろう。チェック・インは、モーニング・ページをやっているのと同じノートでやるとよい。二十分程度かけて、手書きで答えを書くのがベスト。チェック・インの目的はあなたの創造性の旅日誌をつけることにある。

①今週は何日、モーニング・ページをしましたか？　七日やるのが理想です。はじめてモーニング・ページをやってみた感想は？
②今週、アーティスト・デートをしましたか？　あなたは何をし、どう感じましたか？
③今週、あなたの創造性を回復するために重要だと思ったことが、ほかにありましたか？

第2週 アイデンティティを取り戻す

今週は創造性の回復にとって重要な、アイデンティティの問題を取り上げます。自分が何を求め、どんなことに興味をもっているかが明らかになってくるにつれ、新しい自分の像が見えてくるかもしれません。これからご紹介する文章とツールは、あなたが何者かを突き止めるお手伝いをするものです。

疑いが芽生えるとき

自分の創造性を信じるのは、多くの人にとって慣れないことである。創造のエネルギーが高まると、最初はあなただけではなく、親しい人たちも脅威に感じるかもしれない。創造性が解放されてくると、自分がまともではないように思えることがあるのだ（はたからも、そう見える）。だが、このようなとっぴな感覚は、創造性を阻んできた障害が取り除かれ、正気を取り戻しつつある証拠である。長い間、正気を失っていたために、常軌を逸してしまったような気がするのだ。そのことをよく覚えておこう。

創造的な自分を回復する道程は、決して平坦《へいたん》なものではない。たいていの場合、創造する力をつけていくにつれ、打ち消しがたい疑いの心が芽生えはじめる。それは正常な反応であり、回復の症状の一つとみなせば対処できるだろう。

よくある疑いは次のようなものだ。「オーケー、今週はうまくやった。だけど、一時的なことじゃないだろうか……。モーニング・ページは一応やったが、やり方が間違っているのでは……。何か大きいことを企画して、即、やる必要があるって……。俺はいったい何者なんだ？　本当に創造的になれるんだろうか？　ひょっとしたら、なれないんじゃ……永遠に」

こうした自分に対する疑いは、これといった根拠はないが、かなりの説得力をもっている。いったん巻き込まれると行き詰まり、身動きが取れなくなることがある。立ち直りつつあるアルコール依存症者が最初の一杯を避けなければならないように、創造性を回復しつつあるアーティストは、最初に浮かんでくる疑いをうまくかわさなければならない。

これらの疑いは心の内側からも外側からもやってくる。それを創造を邪魔する一種のウイルスとみなせば、対応できるようになるだろう。自分に対する疑いの念は、たいがい自己嫌悪に根っこがあるので、自分を肯定することが強力な解毒剤となる。

創造性の回復に伴う不安にとらわれてしまい、自分自身を妨害しようとする人もいる。その最たるものが、他人にモーニング・ページを見せることだ。モーニング・ページはプライベートなものであり、善意の友人のさらしものにするものではない。これもしっかり心にとどめておこう。

害になる遊び仲間

創造性は、私たちが何者にも脅かされず、ありのままの自分でいられるときに花開く。あなたの中のアーティストは、小さな子どもと同じように、安全だと思えるときにもっとも幸せを感じる。私たちは保護者として、自分の中のアーティストは、安全な仲間とつきあわせなければならない。害になる遊び仲間は、内なるアーティストの成長をだめにする危険がある。

創造性を回復しつつある私たちにとって、もっとも害になる遊び仲間は、いまだに創造性を阻まれている人間である。私たちの創造性の回復が、彼らを脅かすのだ。

あなたが創造性を回復することを彼らが煙たがるのは、創造のエネルギーをせき止められたままでいることによって、なんらかの恩恵をこうむっているからである。ひょっとしたら、周囲の人々の同情を集め、自己憐憫《れんびん》に浸っているのが心地よいのかもしれない。実際に創作にあたっている人より自分がどれだけ創造的になれるかを想像し、何もせずに満足している場合もあるだろう。

創造性を阻止されたそのような友人が、あなたの回復を喜んでくれるなどと期待しないようにしよう。まるで飲み仲間に禁酒を祝ってもらおうとするようなものだ。酒に溺《おぼ》れている人間が、どうして酒を断つことを祝えるだろう？

創造性を阻まれた友人たちは、あなたが創造性を回復すれば、自分も創造するリスクを冒さなければならなくなるかもしれないとおびえる。そのような友人は巧みな妨害をしようとするので、気をつける必要がある。「きみは利己的になったね」とか、「変わってしまった」という言葉にはとくに気をつけたほうがよい。あなたを古い生き方に逆戻りさせようとするものだからだ。

創造性が回復してきたら、それを大切に守ってやることが大切である。そのためには、創造的な活動をする時間を確保しなければならない。ともすれば、私たちは、「ほかにもっとすべきことがあるはずだ」という感覚にかられやすい。とくに、自分より他人を優先することを美徳とみなす傾向が私たちにはある。しかし、そんなことばかりしていては、創造性の回復は望めないし、欲求不満になるだけだ。

創造性を養う基本は自分自身を育てることにある。私たちは自分を育てることを通して、大いなる創造主との絆《きずな》を育むのだ。そうしたつながりを通して、創造性が開花し、道が見えてくる。そうしたら、大いなる創造主を信頼し、歩んでいかなければならない。

人にやさしくするのはかまわないが、強い意志をもたなければならない。友人のためにできる最良のことは、自分自身の創造性を回復した人間のモデルになることである。彼らの恐れや迷いに惑わされてはならない。

テクニックさえ習得してしまえば、すぐに人に教えることができるようになるだろう。そして、人が疑いを乗り越え、自己表現する手助けができるだろう。だが今は、自分自身が創造性の回復途上にあることを見直し、好奇心にかられた傍観者にモーニング・ページを見せたり、友人といっしょにアーティスト・デートすることを慎み、自分の中のアーティストを守ってやってもらいたい。あなたは正しい道を歩んでいるのだから、強い信念をもとう。

創造性の回復が進めば、クリエイターとしての自分や自分の中のクリエイターを、もっと楽に信じられるようになるだろう。書かないでいるよりは書くほうが、描かないでいるよりは描くほうが、実際に楽であることがわかってくるだろう。また、結果にとらわれずに、自分を通して創造性が働くプロセスを楽しめるようになるだろう。

あなた自身の癒しが、他者にとって最大の希望のメッセージなのだ。

外部の敵・クレイジーメーカー

創造性の邪魔をするもう一つの障害は、「クレイジーメーカー」である。クレイジーメーカーとは、嵐《あらし》の目を生み出すタイプの人をさす。この性格の持ち主は、往々にしてカリスマ的で、人を引きつけ、豊かな創意に富み、すばらしい説得力をもっている。だが、周辺にいる創造的な人間にとって、彼らはとてつもなく迷惑な存在だ。

カリスマ的だが抑制がきかず、問題ばかりもっていて解決策をもたない人間。あなたのまわりにも、そんなタイプがいるだろう。

クレイジーメーカーは、あなたの全人生を肩代わりしてしまえるほどの力をもつ。あくせくしながら生きている人たちにとって、彼らは抗《あらが》いがたい魅力をもっている。そのような人物に巻き込まれた経験がある方になら、私が何を言わんとしているかわかってもらえるだろう。

数年前のことになるが、私はアメリカ映画界きっての大物監督の一人が指揮をとる撮影現場を訪れた。彼の名声は不動で、クレイジーメーカーとしても名をはせていた。もちろんどんな映画製作も大変ではあるが、彼の場合は並外れていた。長時間の撮影、偏執狂的なこだわりによって引き延ばされる不快な状態、絶え間ないいがみあいと渦巻く策謀。セットに隠しマイクがしかけられているという噂《うわさ》の中で、このクレイジーメーカーの王は、ぜいたくに装備されたトレイラーの中にオズの魔法使いのように身を隠したまま、大音声のスピーカーで俳優たちに指図していた。

過去二十年間、私は多くの監督が働く現場を見てきた。私は才能豊かな監督と結婚し、自分自身でも長編映画の監督をしたことがある。映画のクルーというのは大家族にとてもよく似ている。このクレイジーメーカーの王の場合、クルーは大家族というより、アルコール依存症者のいる家族に似ていた。酒飲みが真ん中にいて、まわりの者が気を使い、彼の肥大化したエゴとそのエゴが繰り出す法外な要求が、我が物顔にのさばっているのだ。

監督の子どもじみたわがままな要求のため、製作会社も、進行の遅れや、予算オーバーを受け入れざるをえなかったようだ。専門家の集まりからなるスタッフたちが、クレイジーメーカーの毒のある権力によって失望するのを見るのは、私にとってよいレッスンになった。

才能あるセットのデザイナー、衣装デザイナー、サウンド・エンジニア、そしてもちろん俳優たち……。彼らは、製作がめちゃめちゃなコースをたどるようになるにつれ、ますます傷ついていった。スタッフが戦っていたのは、クレイジーメーカーとしての監督の個人的なドラマに対してだった。熱意ある映画人はみなそうだが、このクルーはよい作品を作るためなら長時間働くことをいとわなかった。彼らを落胆させたのは、その時間をアートではなく、ひとりの人間のエゴに捧《ささ》げていることだった。

狂気を生み出す力学は権力に根ざしている。したがって、権力を生み出しやすい集団の中では、どこにでもクレイジーメーカーが見いだされる。クレイジーメーカーはお金持ちや著名人のなかでよく見かけられるが、普通の人々の間や核家族のなかにも存在する。

私の知り合いのある女性は、典型的なクレイジーメーカーの一人である。才能ある一族の名目上の長である彼女は、自らのエネルギーを子どもの創造性を破壊することに捧げてきた。子どもたちが成功しそうになると決まって彼女は爆弾を落とし、だいなしにしてしまうのだ。

高圧的な母親、躁《そう》状態の社長、欲張りな友人、頑固な伴侶、どのような人物として現れようと、クレイジーメーカーはあなたの創造的な人生を破壊するパターンをもっている。

ここで、クレイジーメーカーがどんな人物か、特徴を描き出してみよう。

◎約束を破り、予定をだいなしにする。クレイジーメーカーはあなたの結婚式に二日早くやってきて、準備で手いっぱいのあなたに、かいがいしく世話をやかれるのを期待する。彼らは話し合って決めた貸別荘より大型のお金がかかる貸別荘を借り、請求書をあなたにまわす。

◎特別扱いを期待する。クレイジーメーカーは、あなたが重要な締め切りに追われているときや、何かに集中しなければならないとき、かならず原因不明の病に倒れて注意を引こうとする。また、家中の子どもたちが腹をすかしていても、自分の食事は用意するが、子どもたちのためには何も作ろうとしない。周囲の人間にひどい言葉を平気で浴びせるくせに、その後には動揺して車の運転ができなくなる。そのため、被害者は「この怪物をどうやって家から追い出そうか」と考える代わりに、「あら、心臓発作なのかしら」と心配しはじめる。

◎つねに相手の都合を無視する。あなたがどんなに疲れていようが、ぐっすりと眠っていようが、おかまいなく真夜中や早朝に電話をかけてくる。そして、「こんな時間に電話して悪いね……」とぬけぬけと言う。連絡もなしにふらりとやってきて、捜すのに手間取るものや、貸したくないものを貸してくれと頼んだりもする。

◎あなたの時間とお金を奪う。あなたから車を借りると、タンクを空にしたまま、夜遅く返しにくる。クレイジーメーカーの旅行の計画は、つねに、あなたの時間とお金をあてにしてできている。平日の仕事中でも、街から遠く離れた空港から電話をかけてくる。「仕事の最中なんだ」と答えると、「タクシー代がないんだ」と平然と言う。

◎人の間に割って入る。クレイジーメーカーは他人のエネルギーを食いものにしているので、自分の優位な立場を守るために、周囲の人間をお互いに反目させる。周囲に否定的なエネルギーをかきたて、それを活用するのだ。たとえば、誰かが人の悪口を言ったら、中傷されている本人にそのことを中継したりする。

◎非難のプロである。トラブルは決してクレイジーメーカーのせいにならず、だいたい非は相手にあると言いはる。あるクレイジーメーカーの男性は前妻に向かって「養育小切手をきみが換金さえしなければ、不渡りで戻ってくるようなことはなかったんだ」と言った。

◎ドラマを生み出すが、自分は出演しない。クレイジーメーカーは創造力を阻まれた人間である場合が多い。自分自身の創造性にじかに触れることを恐れている彼らは、他人の中にそうした能力をみることを忌み嫌う。他人の中に創造力を見いだすと、嫉妬《しっと》にかられ、脅かされるのだ。その結果、彼らは芝居がかった大げさな振る舞いをし、はた迷惑な行動をとる。

◎つねに自分を優先し、それを他人に押しつける。あなたにとって重要なことも、クレイジーメーカーにかかると、ささいなこと。たとえば、あなたが司法試験に向けてがんばっているとき、あるいは、病院から夫を連れ帰ろうとしているとき、彼らは電話をかけてきて、自分の恋愛がうまくいくかどうか尋ねたりする。

◎自分の予定以外の予定を嫌う。人をわずらわせるために、クレイジーメーカーが用いる主要な手は時間である。あなたがひとりになって集中する必要があるちょうどそのとき、あなたをわずらわせようとする。「昨夜、朝方の三時まで起きていたから、子どもを学校まで送ってやれないの。頼むわ」。あなたがボスと朝食をとりながら打ち合わせをするために、早く出かけようとしている朝、突然、そんなことを言ったりする。

◎秩序を嫌う。混乱はクレイジーメーカーのねらいに役立つ。あなたが身の回りをかたづけ、いざ創作しようとすると、突然、クレイジーメーカーはその場に侵入してくる。「ぼくの仕事机の上の書類や洗濯物の山はなんなんだい?」とあなたが尋ねると、「大学時代の論文を整理することにしたんだけど、片方の靴下が見つからなくてね」と彼らは答える。

◎自分がクレイジーメーカーであることを認めない。彼らは急所を突こうとする。あなたから、約束を破ったことや邪魔をしたことを指摘されると、「きみの頭をおかしくさせているのはぼくじゃない。きみ自身がみじめな性生活を送っているからそういうことになるのさ」と彼らは言う。

――クレイジーメーカーがそれほどまでにわずらわしい存在なら、なぜ私たちは彼らに巻き込まれたりするのだろう？　厳しいかもしれないが、答えは簡単だ。私たち自身もまた、正気を失っており、自己破壊的になっているからである。

本当にそうだろうか？

間違いない。創造性を阻止されている私たちは、ずっと今のままでいることを願っている。というのも、他人に酷使されることに甘んじているほうが、創造的な人生に挑戦するよりはるかにリスクが少ないからだ。ただ、それを素直に認めたくないばかりに私たちは、創造的になったら自分もクレイジーメーカーのような存在になり、周囲の人をわずらわせるのではないかと恐れるのだ。

もしあなたが現在、クレイジーメーカーに巻き込まれているなら、まずその事実を認めることがなによりも大切である。あなたが他人に使われていること、そして、あなたを利用する者をあなたも利用していることを認めよう。あなたの身近にいるクレイジーメーカーは、あなたが自分の人生を妨害するために、自分自身で選んだ障害なのだ。もしクレイジーメーカーとの苦しいダンスに巻き込まれているなら、相手の調子に合わせて踊るのをやめたほうがいい。共依存に関する本を紐解《ひもと》いてみたらどうだろう。

今度、「彼（あるいは彼女）が私をおかしくさせるのよ」と言っている自分に気づいたら、彼（や彼女）との関係に巻き込まれることで、どんな創造的な仕事を妨げようとしているのかを自問してみよう。

内部の敵・暗黙の疑い

これまで、私たちの創造性を妨害する人間について見てきたので、次に、私たちが内部に抱えている敵を見ていこう。自分の枠を広げようとするとき、すべての人にとって最大の障害になるのは、自分自身が心の奥で抱いている疑いである。これは「暗黙の疑い」と呼べるかもしれない。

信仰に厚い人間であろうと、信仰をもたない人間であろうと、私たちは創造主や創造性にまつわるすべてのことに疑問を抱く。その疑いはとてつもなく強力であり、それを取り除かないかぎり、創造性の回復は望めないだろう。多くの場合、私たちは体裁を気にして、疑いの感情に蓋《ふた》をしてしまう。だが、そんなことはもうやめて、探求してみなければならない。

疑いは煮詰まると次のようなセリフになる。「わかった。ぼくはモーニング・ページを書きはじめた。以前より意識が目覚め、注意深くなったような気がする。でも、だからなんだというんだい。ただの偶然じゃないか」「ぼくは創造の井戸を満たし、自分の中のアーティストとデートしはじめている。たしかに、少し元気になったよ。でも、それがなんになる？」「私は自分の潜在的な可能性を追求すればするほど、幸運な偶然が起こることに気づきはじめているわ。かといって、自分が導かれているなんて信じられない。それはあまりに奇妙な考えだわ……」

目に見えない助けの手を想像することを奇妙だと思うのは、創造的になることにまだ疑いを抱いているからだ。そのような疑いに浸っているかぎり、私たちは、あらゆる贈り物に不満をもらすばかりか、それらをできるだけ素早く人生から追い出そうとする。

マイクは創造性を回復しはじめたとき、自分が映画を作りたがっていることを認めた。二週間後、一連の「偶然」が重なって、彼は会社に授業料を払ってもらい、映画学校に入った。だが、そのことを快く受け入れ、楽しんだかというと、そうではなかった。マイクは映画学校にいたのでは、この先、他の仕事を探せないと思い、映画製作をあきらめたのだ。

二年後、振り返ってみて、マイクは首を振る。彼の望みを宇宙がかなえてくれようとしたにもかかわらず、その贈り物を突き返したのだ。最終的には映画製作を学ぶことになったが、自分であえてそれを難しくしたのだ。

このように、創造性を回復する途上で、宇宙が差し伸べてくれる手を拒絶するケースがよく見られる。私たちは創造性を回復しようとする大胆さをもっているにもかかわらず、宇宙に注意を払ってもらいたがらないのだ。自分が成功することがさもやましいことであるかのように思い、成功が近づくと、逃げ出したくなるのである。

心を一つの部屋として考えてみよう。その部屋の中に、私たちは人生、神、可能なことと可能ではないことについての、すべての考えを保管している。部屋にはドアがあって、少しだけ開いたすき間から、外のまばゆい光がほの見えている。まばゆい光の中には、たくさんの新しいアイディアがあるが、あまりに奇抜に思えるので、外に締め出したままにしている。私たちにとって心地のよい考えはすべて、部屋の中にある。

創造性が回復されていない普通の状態では、奇妙なことや恐ろしいことを聞いたとたん、私たちはノブをつかんでドアを素早く閉めてしまう。

心の探求が人生を変えるだって？　ばかげている！（ドアをピシャリと閉める）。

私の創造性の回復を神がわざわざ助けてくれるだって？（ピシャリ）。

シンクロニシティや幸運な偶然によって、私の中のアーティストを助けてくれるだって？（ピシャリ）。

創造性の回復途上にある今、私たちは違う態度を身につけなければならない。自分の中の疑いをそっと押しのけ、奇抜なアイディアや偶然が耳元をかすめたら、ドアをもう少しだけ広く開けるのだ。

創造性の回復はなによりも、心を開くエクササイズである。今週は、意識的に心の扉を開ける練習をしてみよう。

日常の細部に気を配る

しばしば、創造性の障害は空想癖として現れる。私たちは現在に生き、現在に打ち込む代わりに、どうにもならない過去や未来を思いわずらう。芸術的な生活とは、目的のない空想に彩られているものと誤解されているが、真実はそうではない。創造的な人生は、多大な注意力を要するのだ。日常の細部に気を配ることは、地に足をつけ、人や物とつながるのに欠かせないものである。

私はよく、祖母から長い手紙をもらった。

「植物と動物の報告をします。レンギョウの芽が出ました。今朝、今年はじめてコマドリを見たのよ。この暑さにもかかわらず、バラはまだ花をつけています。ウルシが色づきました。それに、ポストのそばのモミジも。クリスマスのサボテンは用意ができつつあります」

手紙を読みながら、私はあれこれの場面を組み合わせ、祖母の人生を長い家族映画のようにたどったものだ。

「お父さんの咳《せき》は悪くなる一方よ。小さなシェトランド犬は子どもを早産したようだわ。ジョアンナは病院に戻って、アンナといるわ。新しいボクサー犬をトリキーと名づけたの。彼女は私のサボテンのベッドに寝るのがお好みのようね。想像できる?」

想像できた。彼女の手紙がそれを容易にしてくれたのだ。

祖母の目を通した人生は小さな奇跡の連続だった。六月、ポプラの木の下に咲く野生のオニユリ、川の岩陰を素早く走り回る、見事なつやのあるトカゲ。彼女の手紙は一年の季節感だけではなく、人生の季節感をも漂わせていた。彼女は八十歳まで生きたが、亡くなる直前まで手紙をよこした。彼女の亡くなり方は、今日咲いて、明日散る、カニサボテンのように唐突だった。

彼女はたくさんの手紙と六十二年間つれそった夫を残して亡くなった。彼女の夫、すなわち私の祖父にあたるダディ・ハワードは悪運をしょい込むタイプで、ギャンブラー・スマイルをもつ上品なやくざ者だった。彼は何度か財産を築いては失い、結局は失いっぱなしになった。祖母が小鳥たちに気前よくパンのかけらを与えたように、祖父は酒とギャンブルにお金をつぎ込み、気前よく使い果たした。祖母が小さなチャンスを満喫したように、祖父は大きなチャンスを無駄にした。私の母は「あの男」とよく言っていたものだ。

祖母は「あの男」と、タイル貼りのスペイン風の家、トレイラー・ハウス、山の中腹の山小屋、鉄道の駅などで暮らし、最後には、安っぽいあばら家に住んでいた。祖父の不運に怒った母は、「母さんがどうして耐えているのかわからない」とよく言っていた。

本当は、祖母がどのようにして耐えているのかみんな知っていた。彼女は人生の流れに膝《ひざ》までつかり、ささいな出来事をじっと見つめることによって、耐えていたのだ。

祖母の手紙から私が学んだのは、人を生かすのは健全な判断であり、健全な判断はすべてに気を配ることの中にあるということだった。それを私が学ぶ前に祖母は亡くなってしまった。彼女の手紙はこうつづっていた。「お父さんの咳はまた悪化したの。私たちは家をなくして、もうお金も仕事もありません。けれども、オニユリが咲いているわ。トカゲが日の当たる場所を見つけました。バラがこの暑さに耐えています」

祖母は苦しい人生が自分に何を教えてくれたかを知っていた。成功しても失敗しても、人生の真実は、その質とほとんど関係ないということである。人生の質はつねに喜ぶことのできる能力に比例している。喜ぶことのできる能力は、日常の細部に目をやることによってもたらされる贈り物なのだ。

作家のメイ・サートンは、職をなくし、父を失い、長い間、自分の人生の中心を占めていた恋愛がうまくいかなくなったとき、一年にわたって、『独り居の日記』（邦訳：武田尚子訳・みすず書房刊）をつけた。「後刻、歩き回りながら花に水をやっていると、書斎の入口で足を止めさせられた。朝鮮菊にスポットライトのように光があたっていて、深紅色の花弁と、黄土色の花芯《かしん》が輝きわたっている。その背後のラベンダー色のアスターは、エリノアが私のために摘んでくれたサモン・ピンクを散らしたぼたんの葉とメギの陰になっていた。これを見ると、まるで秋の光が血管の中にじかに注入される思いがした」

彼女が「血管の中にじかに注入される」という言葉を使っているのは偶然ではない。あらゆるものを失い、傷心の思いで彼女はニューイングランドの片田舎で暮らすようになった。そんなとき、秋の日差しに照らし出された植物が彼女の注意を引きつけた。そのちょっとした出合いから、彼女の癒しがはじまったのだ。

細部を見ることは、つねに癒しをもたらしてくれる。それは特定の痛み（恋人を失う、子どもの病気、打ち砕かれた夢など）への癒しとしてはじまるが、最終的に癒されるのは、すべての痛みの根底にある痛みである。リルケが「言葉で言い表せないほどの孤独」と表現した、誰もが抱えている痛み。注意を向けることによって、私たちは人や世界とつながる。そのことを私が学んだのは、他の多くを学んだときと同じように、偶然によってだった。

最初の結婚が破綻したとき、私はハリウッドの丘の上にぽつんと立つ家をもらった。私の意図は単純なものだった。離婚の痛手をひとりで切り抜けようと思ったのだ。最悪の痛みが去るまで、誰にも会わないつもりだった。ひとりきりで長い散歩をし、苦しみ抜くつもりだった。ところが、実際に散歩をしはじめると、予定どおりにはいかなかった。

家の後ろの道を登り、二度曲がったところで、私は灰色のしま猫に出合った。この猫は鮮やかなブルーの家の猫で、その家には、大型の牧羊犬が飼われていたが、猫はきっとその犬を嫌っているにちがいなかった。私はたった一週間の散歩で、そうしたことをすべて知ったのだ。私と猫は孤独な女性同士、いっしょに出かけるようになった。

私たちはふたりとも、近所の柵に絡みついて咲いているサーモン・ピンクのバラを気に入っていた。また、ふたりとも、係留を解かれた船が桟橋を離れるように、薄紫色のジャカランダの花が散るのを見ているのが好きだった。アリス（ある午後、家の中でそう呼ばれているのを聞いた）はよくそれを、爪《つめ》でひっかいていた。

ジャカランダの花が終わるころには、ぱっとしない羽板状の柵がバラ園の周囲にはりめぐらされた。そのころまでに、私は一マイルほど遠くまで散歩をするようになっていて、他の猫や犬や子どもたちと友達になった。サーモン・ピンクのバラがしおれるころには、丘の上のほうに、ムーア式の庭をもった家を見つけ、その家で飼っている強烈な色彩のオウムに心を引かれるようになった。人の目を引く派手な色をした頑固なそのオウムは、別れた夫を思い出させた。

こうして、痛みが貴重な体験になっていった。

細部に気を配ることについて書いているのに、痛みについて長々と書いてしまっていることに、私は気づいている。これは偶然ではない。他の人にとっては違うかもしれないが、痛みは私に注意を払うことを教えてくれたのだ。

心が痛んでいるときに、たとえば将来が怖くて考えられないときや、過去が思い出すのもつらいとき、私は現在に注意を払うことを学んだ。私が今いるこの瞬間は、つねに、私にとって唯一、安全な場所だった。その瞬間瞬間は、かならず耐えられた。今、この瞬間、誰でもみなつねに大丈夫なのだ。昨日は結婚がだめになったかもしれない。明日は猫が死ぬかもしれない。心待ちにしている恋人からの電話は永遠にこないかもしれない。だが、今、この瞬間は、大丈夫なのだ。私は息を吸い、吐いている。そのことを悟った私は、それぞれの瞬間に美がないことはありえないと気づくようになった。

母が亡くなった晩、電話をもらった私は、セーターを持って家の後ろの丘を登っていった。雪のように白い大きな月が、椰子《やし》の木ごしに昇っていた。その晩遅く、月は庭の上に浮かび、サボテンを銀色に洗っていた。母の死を振り返ると、あの雪のように白い月を思い出す。

祖母の思い出はガーデニングと結びついている。毎夏、自分で作っていた小さなプリントのドレスから、片方の褐色の乳房がこぼれ出たこと。やがて失うことになる家から、ポプラの木に続く急な斜面を指さし、「子馬たちはあの木陰がお気に入りなの。私があの木を好きなのは、緑の葉っぱがきらきら輝くからよ」と祖母が言っていたことも覚えている。

〈アーティストへの道のルール〉

◎モーニング・ページに自分を表現しなければならない。モーニング・ページを、休息し、夢を見、自分を明らかにするために活用してほしい。
◎創造性を育むことによって、渇いた創造の井戸を満たさなければならない。
◎実現可能な小さな目標を立て、実現する。
◎導きと勇気のために祈り、あくまで謙虚でなければならない。
◎創作するよりも、創造性をせき止められたアーティストでいることのほうが、はるかにつらく苦痛を伴うことを心に刻んでおく。
◎大いなる創造主が自分の中のアーティストを導き、助けていることを忘れない。
◎単に創作について語り合う友ではなく、創作することを励ましてくれる友を選ぶ。
◎大いなる創造主が創造性を愛していることを心に銘記する。
◎作品を批判することではなく創作することが、自分の仕事であることを肝に銘じる。
◎仕事場にこう書いて貼っておこう。「大いなる創造主よ、私が量の面倒をみますから、あなたは質の面倒をみてください」

［今週の課題］

①毎日、朝と晩、心を鎮め、集中して13ページの創造性の原理を暗唱する。心境になんらかの変化がないかに気をつけよう。まだ、疑いは晴れていないだろうか？

②今週は、時間をどう使っただろう？　今週行った主な活動を五つリスト・アップし、それぞれにどれだけの時間をつぎ込んだか書き出そう。自分がやりたかった活動はどれで、やらなければならなかった活動はどれだろうか？　他人のためにどれだけの時間を費やし、自分自身の欲求をどれだけ無視したか？　創造性を阻まれている友人に、邪魔されなかっただろうか？

③紙に円を描き、円の中に、あなたが真剣に取り組みたいと思っている課題と、支えてくれそうな人の名前を書き入れてもらいたい。円の外には、少し距離をおきたいと思っている人の名前を入れる。この「安全性の地図」をモーニング・ページを書く場所の近くに貼っておき、なんらかの決定をくだすときの参考にしよう。もちろん、円の内部や外に名前をつけ加えるのはあなたの自由である。

④あなたがして楽しいことを二十、リスト・アップする。ロック・クライミング、ローラースケート、パイ焼き、スープ作り、セックス、二度セックスすること、サイクリング、乗馬、キャッチボール、バスケットボール、ジョギング、詩の朗読など。最近、これらのことをしたのはいつだろう？　それぞれの項目の横に、最後にやった日付を書き入れてみよう。このリストはアーティスト・デートのすばらしいメニューとなる。

⑤④のリストから、好んでいるのに避けてきたことを二つ選び、今週の目標にする。フィルムを一本買って、写真を撮るといったささいなことでもかまわない。自分の楽しみのための時間をもつこと

がここでの目的。自分のためだけの時間の枠を探し、ちょっとした創造的な活動にあてるのだ。昼休みにほんの十五分、CD店に行くのもいいだろう。長時間のかたまりを探そうとせず、暇なときに、細切れの時間を探してみよう。

⑥一週目の課題①で、あなたが書いた自分を肯定する文章を読み返してもらいたい。いちばん引きつけられた部分はどれだろう。突拍子のないものが多くの反応を引き出す場合が多い。その部分を、モーニング・ページの時間に、毎日、数回書いてみよう。あなたがうっかり口にする否定的な言葉を打ち消す文章も含めるといいだろう。

⑦一週目の課題⑧で書いた、想像上の人生のリストに戻り、さらにあと五つの人生をつけ加えてみよう。今の人生で、一部でもいいからやれるものがあるだろうか？　たとえば、ダンサーの人生をあげたなら、踊りに行ってみたらどうだろう。僧の人生を掲げたのなら、リトリート（お寺や山の中に引きこもること）してみたらどうだろう。スキューバ・ダイバーになりたいというなら、近くにダイビング・ショップがあるかどうか探してみよう。

⑧人生のパイ作り。円を描き、六つに分ける。それぞれに霊性、運動、遊び、仕事、友人、恋愛&冒険というラベルを貼る。次に、六つの人生の領域で自分がどれだけ満たされているかを円グラフにする（最大の満足は円の縁、中心に向かうほど満足度は低くなる）。それらの点を結べば、あなたがどんなことで満足し、どんなことで満足していないかが一目瞭然《りょうぜん》となる。本書に取り組みはじめたばかりのときは、人生のパイが毒グモのタランチュラのようないびつ形に見えることが珍しくない。創造性の回復が進むと、タランチュラは曼荼羅《まんだら》に似てくる。このツールを用いれば、自分が

満たされていないと思っている人生の領域や、ほとんど時間を費やしていない人生の領域が明らかになる。ほんの少しの時間を見つけて、それを変える努力をしてみよう。霊的な人生がないがしろにされているのなら、五分間だけ近くの教会や寺院に立ち寄ってみるだけでも、驚異の感覚を取り戻すきっかけになる。五分間、ドラム音楽を聴くだけで、霊性の核に触れる体験ができる。植物園に行くことで同じ体験をする人もいるだろう。要は、人生のパイのなかで貧困化している領域にほんのちょっと注意を向けるだけで、人生を豊かにできるかもしれないということ。

⑨十の小さな変化。あなたが自分で引き起こしたい十の変化を重要なものから順番に（あるいはその逆でもいい）書き出してほしい（中国旅行、キッチンの壁の塗り替え、あばずれのアリスと縁を切るなど）。次のような書式にするとよい。

一、私は…………………………したい。

二、私は…………………………したい。

現在への注意力を高めるにつれ、浴室を塗り替えるといったささいな変化が、自分を大切にしているという感覚を生み出す場合がある。

⑩⑨のなかから簡単にできそうなことを一つ選び、今週の目標にしよう。さっそく、その目標を実行してもらいたい。

［チェック・イン］

①今週は何日、モーニング・ページをしましたか？　七日やるのが理想です。この一週間モーニング・ページをやってみた感想は？　なんらかの影響があったら、「ひじょうにばかばかしく思えた。なんの関連もないつまらないことを、ただ書いている気がした」というように書き出してください。モーニング・ページを書きつづければ、かならずなんらかの影響があります。自分がどんなことについて書いているとき、驚きましたか？　これはその週のあなたの進歩ではなく、気分を推し量る目安となるので書き出してください。あなたのページがめそめそしたことに占められていたり、新鮮味がなかったとしても大丈夫――ときに、それがあなたにとって最良なのです。

②今週、アーティスト・デートをしましたか？　たとえ、くだらないと思えても、アーティスト・デートは必要なものだと覚えておきましょう。あなたは何をし、どう感じましたか？

③今週、あなたの創造性の回復にとって重要だと思われることが、ほかにありましたか？

第3週 パワーの感覚を取り戻す

今週は、扱いにくいエネルギーの爆発や、怒り、喜び、悲しみといった感情の突然の高まりを経験するかもしれません。これまで誤って受け入れてきたまやかしの限界を揺るがされると、あなたは自分の潜在的な力と出合うことになります。そのとき、あなたは霊的なエネルギーに意識的に心を開くよう求められるでしょう。

怒りという燃料

怒りは燃料である。怒りを感じると、私たちは何かをしたくなる。誰かをぶったり、物を壊したり、かんしゃくを起こしたり、壁を拳《こぶし》でなぐったり、他人に悪口を浴びせたりしたくなる。しかし、たいがいの人はごく善良なので、怒りに直面すると、蓋をしようとする。さもなければ、頭から否定し、無視し、覆い隠そうとする。怒っていないふりをしたり、薬で怒りの感情を鎮めたりすることもある。つまり、私たちは自分の怒りに耳を傾ける以外のことなら、なんでもするのだ。

怒りは耳を傾けてもらいたがっている。怒りは声であり、叫びであり、懇願であり、要求である。怒りは敬意を払ってもらいたいのだ。というのも、それは心の地図だからである。怒りは私たちの限界がどこにあり、私たちがどこに向かいたがっているかを教えてくれる。また、自分が現状に満足できなくなっていることを知らせてくれる。創造性を回復しはじめている人にとって、怒りは健全な兆候なのだ。

怒りは表現されることではなく、行動を求めている。私たちは、怒りを燃料として活用し、怒りが示す方向に向かって行動を起こさなければならない。怒りのメッセージを読み取るのはそれほど難しいことではない。

「くそくらえ！　俺なら、あれなんかよりもっとすごい映画を撮れる！」という怒りは、あなたが映画を作りたがっており、その方法を学ぶ必要があることを告げている。

「信じられんよ！　この劇のアイディアはぼくが三年前に考えたものだ」という怒りは、「もたもたするな。いくらよいアイディアがあっても、シナリオを書き上げてかたちにしなければ劇にはならない。すぐにはじめなさい」と訴えている。

「彼が使っているのは私の企画だ。信じられない！　盗まれたんだ！」という怒りは、自分のアイディアをもっと大切に取り扱う時期がきていることを示している。

私たちは怒りを感じるとき、しばしば、怒っていること自体に憤りを覚える。これは私たちが生まれ変わろうとしており、誕生の苦しみを味わっているという証拠でもある。その痛みが私たちを怒らせるのだ。

怒りは古い人生の終わりを告げる旋風であり、新しい人生へと駆り立てる燃料だ。怒りは支配者ではなく、適切に活用すれば役に立つ道具となる。怒りは触れられることを求めており、近づいてもらいたがっているのだ。

怠惰、無関心、絶望は敵だが、怒りはそうではない。怒りは友達である。素敵な友達でも、やさしい友達でもないが、きわめて誠実な友達だ。それは、私たちが裏切られたときや自分自身を裏切ったとき、かならず知らせてくれる。そして、自分の興味に従って行動するときであることを告げてくれる。

怒り自体は行動ではない。行動への招待である。

シンクロニシティ

祈りがかなえられるのは、じつは怖いものだ。何かを得ることによって、責任を感じてしまうからだ。頼んだものが手に入ったら、どうすればいいのだろう？

こんな警句がある。「自分が祈ったものに気をつけていなさい。手に入るかもしれないのだから」。祈りがかなえられるとき、結局、私たちはそれをどう受け止め、どう行動するかを自分で決めなければならない。決して楽なことではないが、それらをシンクロニシティの例として受け止めてみてはどうだろう。

◎ある女性が役者になりたいという昔の夢を思い出した翌日、ディナーの席で、演劇の教師の隣になる。

◎学校に戻って勉強しなおそうと考えている女性が、ある日パソコンを見ると、行こうと思っていた学校から誘いのメールがきている。

◎ある女性が見逃してしまった映画をなんとかして見たいと考えている。二日後、近所のレンタル・ビデオ店でそれを見つける。

◎何年間もこっそりと物を書いていたビジネスマンが、自分に才能があるかどうかをプロの作家に尋ねてみる決心をする。翌日の晩、ビリヤード場で、将来、指導者になる作家と出会い、共同で何冊か本を出して成功を収める。

人は、神がいないことよりも、いることのほうをはるかに恐れている、というのが私の感想だ。今掲げたような出来事が自分の身に起きても、多くの人は単なる偶然としてそれらを葬り去る。もし神がいなかったらどんなに恐ろしいだろうと人々は言うが、それは本心ではないだろう。たいていの人にとって、誰かにじっと見つめられているというのは心地よくないものだ。

私たちは、かなえられた祈りを偶然や幸運と呼び、自分の本当の夢や魂にかかわる出来事とみなそうとしない。しかし、どんなに控えめな人生でも、魂にかかわる瞬間があるのだ。

「きっと、新しい二人がけのソファを手に入れてみせるわ」と願っていたある女性は、理想的なソファを見つけた。「それはとても奇妙な体験でした。叔母《おば》のバーニスのところにいたんですが、近所の人がガレージセールをするというので行ってみると、すばらしいソファがあったんです。なんでも、夫がそのソファの布地にアレルギーを起こすので手放すことにしたらしくって」

波乱に富んだ人生では、そのような瞬間が高い山のように大きく突き出している。私たちは誰でも、自分のもっとも深い部分に呼びかける、暗いロマンティックな考えをもっている。その呼びかけを真剣に受け止め、答えようとすると、C・G・ユングがシンクロニシティと名づけた原理が働き出し、幸運な出来事が次々に起こりはじめる。一九六〇年代、それは「幸運を呼ぶ能力」と呼ばれた。どのような呼び方をするにせよ、あなたが創造性を回復しはじめると、あらゆるところでそれが起こっていることに気づき、びっくりさせられるだろう。

このような原理があるという考えは、脅威にもなりうるので、それを無視しようとしても驚くことはない。ユングのシンクロニシティの考えは、彼の思想の試金石だったが、多くのユング派の心理学者たちは、易に対するユングの関心同様、真剣に取り上げるに値しない奇怪な出来事としてしりぞけた。

だが、ユングは違っていた。自らの内的な導きに従い、他の人が無視したがる現象を体験し、説明しようとしたのだ。それは、宇宙がある種の知性をもち、私たちの興味に反応を示す可能性があることをほのめかすものだった。

「神の手が働いている」ことを私にいつも思い出させてくれるのは、女優のジュリアン・マッカーシーだ。私は、宇宙が物事の手はずを整える手際のよさに何度も驚かされてきた。

およそ六年前のことである。私の書いた戯曲が、デンバー・パフォーミング・アート・センターの大舞台にかけられることになった。それは友人のジュリアンを主役として思い浮かべながら書いたもので、彼女は私の理想どおりだった。

ところが、デンバーに着いてみると、キャストはすでに決まっていた。主役の女性に会ったとたん、私は胸騒ぎを覚え、そのことを演出家に言うと、彼女は演技力抜群の女優だから大丈夫だと諭された。それでもやはり、胃のあたりにもやもやした感情がわだかまっていた。それもそのはず、開幕一週間前、主役になるはずだった女性が、私の劇と、すでに公演中の劇『ペインティング・チャーチ』から突然降板してしまったのだ。

デンバー・アート・センターは大きな打撃をこうむり、私に謝罪した。彼らは、突然の主役の降板で私の劇がどれほどダメージを受けるだろうと、ひどく心配していた。「あなたが書いた『パーフェクト・ワールド』で誰を主役に使いたいですか？」と尋ねられたので私は即座に「ジュリアン・マッカーシー」と答えた。

ジュリアンは、ロスから飛行機で飛んできた。センターの演出家たちは、彼女の演技を見たとたん一目惚《ぼ》れし、私の劇だけではなく、『ペインティング・チャーチ』のほうも引き継いでくれないかと頼んだ。そして、彼女は見事にやってのけた。「神が自分の力を見せつけようとしているのよ」と私はジュリアンに笑いながら言った。結局、彼女が「彼女の役」をやることになって、とてもうれしかった。

私の体験では、宇宙は価値のあるプランにこたえてくれる。楽しい発展性のあるプランにはとくにそうだ。私は、楽しいプランを立てて、それを実現する手段を与えられなかったことはほとんどない。ただし、手段の前に目的がくることを覚えておこう。まず、何をするかを選ぶ。そうすれば、ふつうどうすればいいかはひとりでに見えてくる。

人は創作活動について語る場合、あまりに戦略を強調しすぎるきらいがある。新米はその分野に参入するための権謀術数をアドバイスされるが、ばかげたことだと思う。アーティストにどうやってアーティストになったか聞いてみるとよい。彼らはテクニックではなく、一連の幸運について語るだろう。それらの幸運を、「無数の目に見えない助けの手」とジョセフ・キャンベルは呼ぶ。私はシンクロニシティと呼んでいる。私が言いたいのは、あなたが頼れるのはテクニックではなく、そんな幸運だということなのだ。

かつての部族社会では、年長者が若者に手ほどきをして、一人前の人間に育てた。創造性を伝えるのもそれと似ており、年長者が才能ある若者を見いだし、教え込むことが多い。これは希望的観測のように聞こえるかもしれないが、そうではない。ときに年上のアーティストたちは、自らの意思に反していつのまにか手助けをする。そのようなとき、人知を超えた力が働いているといっていいかもしれない。

私たちは大切な夢を追いかけるのが難しいふりをしたがる。だが、本当のところは、夢を追いかけずにはいられない。夢は避けようとしても、自分のところに戻ってくる。そのとき、覚悟を決めてそれに従えば、第二の神秘の扉が開く。

宇宙は惜しみなく手を貸してくれる。にもかかわらず、私たちはなかなか受け入れようとせず、その手をはねのけてしまう。もう一度言おう。人はみな「失敗するのが怖い」と言うが、本当に恐れているのは、「成功するかもしれない」ということである。

夢に向かって小さく一歩踏み出し、シンクロニシティの扉が開くのを見てみよう。結局、見ることは信じることである。そして、もしあなたが自分で試し、結果を見たら、私の言うことを信じる必要はなくなるだろう。「飛べ、そうすればあなたを受け止めてくれるネットが現れる」という言葉を思い出してほしい。『英国ヒマラヤ探検』という本の中で、著者のW・H・マレイは探検のときの模様を次のように書いている。

「関わると決めるまでは、葛藤とためらいがあり、かならず無駄なことをする。すべての独創的な行為（あるいは創造行為）に関して、知らないと、無数のアイディアやすばらしいプランをだいなしにする一つの基本的な真実がある。本気で関わった瞬間に、神意も働くということだ。本気で関わる決心をしたとたん、物質的にもあなたの助けになる出来事の流れが生じ、信じられないような出来事や出会いが次々に起こるのだ」

もしマレイ（あるいは私）を信用しないというのなら、世界的に有名な詩人、劇作家、小説家であるゲーテの言葉を紹介しよう。彼は、私たちの努力を助けてくれる神の意志について取り上げ、こう語っている。

――あなたができると思うこと、あなたができると信じることは、なんなりとはじめるがよい。行動はその中に魔法と恩寵《おんちょう》と力を含んでいる。

羞恥心という足枷

読者のなかには、こう考える人もいるだろう。「もし行動を起こすことがそんなに簡単なら、この本は読まないよ」。行動を起こす前に恐れによって意志をくじかれてしまう人は、ふつう、仇敵《きゅうてき》である羞恥心《しゅうちしん》に妨害されている。羞恥心は行動を左右する装置だ。私たちは「恥ずかしいから」、他人が驚くような行動は慎もうとする。

芸術的な作品を作るのは、家族に秘密を告げるのによく似ている。秘密の告白は、本質的に羞恥と恐れを含んでいる。それは「このことを彼らが知ったら、なんと思うだろう？」という猜疑心《さいぎしん》を生み出す。とくに、自分が好奇心を抱いて探求していたこと（社会的、性的、霊的なこと）が恥ずかしいことだとされた体験がある人は、強い猜疑心を抱きやすい。

子どもが家族の秘密を偶然見つけたりすると、「なんということをしてくれたんだ」と、大人たちはよく怒りをぶちまける。

「どうしてママの宝石箱を開けたの？」「どうしてお父さんのデスクの引き出しを開けたりしたんだい？」「どうして寝室のドアを開けたの？」「（子どもに知られたくないものを隠している）地下室（屋根裏、暗がり）にどうして行ったりしたんだい？」

アートとは、自らを社会にさらす行為である。アートは物事に光を当て、私たちを照らし出す。そして、私たちの中に残っている暗闇に一条の光を当て、「見えるでしょう？」と語りかける。

あるものを見たくないと思っている人たちは、それを見せる者に怒りを覚え、徹底的に糾弾する。たとえば、アルコール依存症者のいる家庭で育った子どもは、学業や性的な面で問題を起こしやすい。こういった子どもたちは、家族に恥ずかしい思いをさせることを恥ずかしいことだと感じている。しかし、子どもたちが家族に恥をかかせたかというとそうではない。家族の恥は子どもの苦しみの前にあり、その原因になっているのだ。子どもたちはその恥をクローズ・アップさせているだけにすぎない。「近所の人たちがなんと思うだろう」という懸念が、子どもの苦しみを長引かせる装置になっているのである。

真摯《しんし》な表現はクロゼットを開け、地下室や屋根裏に新しい風を送り込み、癒しをもたらす。しかし、傷は癒される前に、まず人目にさらされなければならない。だが、傷を空気や光にさらすアーティストの行為は、しばしば辱しめを受ける。多くのアーティストにとって、もっとも恥ずかしいのは、作品をこき下ろされることである。実際、多くの批評は、アーティストを辱しめることをねらっている。「恥を知れ！よくこんなくだらない作品を作れるな」と言いたいのだ。

子どものとき、家族の問題や貧困ゆえに恥ずかしい思いをしたり、周囲の人に、「こんな恥ずかしいことに興味をもって」と言われた経験があるアーティストの場合、酷評を受けなくても、恥を感じることがある。もし子どものとき、自分には才能があると信じることを恥ずかしく思った経験があるなら、実際に、作品を作りあげる行為を恥ずかしいことだと思ってしまうかもしれない。

多くのアーティストは、中盤までは順調にいっていても、不思議なことに、完成が近づくと作品に魅力を感じなくなることがあると訴える。そうなると、苦労して作品を最後まで作りあげるのが、無意味に思えてくる。セラピストによれば、このような突然の意気の喪失は、苦痛を否定し、傷つくことを避けるための常套《じょうとう》手段である。

悪質な家庭環境で育った大人たちは、このような常套手段をよく用いる。彼らは自分は超然とした態度をとっているのだというが、実際には感覚を麻痺《まひ》させているだけにすぎない。認められたいという欲求がことごとくしりぞけられる体験が続くと、「何かに集中してもどうせ無駄さ」という考えが、子どもの中に植えつけられてしまうのだ。

逆に、家族に認められたいがために、大きな業績を上げようとやっきになっているアーティストが感じるのは、「目に見えない骨を家に引きずって帰る」ような感覚である。「どんなに大きいことをしても、両親は認めてくれませんでした。いつもどこかに欠点を見つけだすんです。成績がすべてAで、一つだけBだと、Bを取ったことをとやかく言うんです」

若いアーティストが立派な業績を上げたり、逆に悪いことをして両親の注目を引こうとするのは、ごく自然なことだ。そのような若者は無関心や怒りに出合うと、何をしても両親を満足させることができないと思うようになる。

私たちはしばしば誤って、創造することを恥ずかしいことだと思い込む。その思いはやがて、創造すること自体が間違っているという考えに行き着く。いったん、そうした思考回路ができあがると、それが無意識の中で生きつづけ、のちに、作品を作ろうとする行為そのものが恥ずかしいという観念を生み出すようになる。

多くの学生たちの優秀な映画作品が、公のフェスティバルに出品されない理由はそこにある。よい小説が破棄されたり、机の引き出しの中にしまい込まれるのもそのためだ。戯曲が日の目を見なかったり、才能ある俳優がオーディションを受けなかったりする理由も同じだ。アーティストが自分たちの夢を認めることを恥ずかしいと思う理由が、これでわかっていただけるだろう。

私たちは批評を念頭において作品を作るわけではない。だが、「どうしてこんな作品を作れるのか」というような疑問を呈する批評は、アーティストを恥ずかしがっている子どものような気分にさせる。駆け出しの作家を建設的に批評しているつもりの好意的な友人も、その作家の作家生命を奪ってしまうことがあるのだ。

ここで一つはっきりさせておきたい。かならずしもすべての批評が、羞恥を生み出すとはかぎらないということである。実際、どんなに厳しい批評でも、正確に要点をついているなら作者は納得することもある。とくに、それが新しい作品作りのヒントになる場合はなおさらだ。害になる批評とは、けなしたり、非難したり、ばかにしたりするだけに終始するものだ。それは誤って作品をとらえている場合が多く、漠然としているため、反駁《はんばく》しづらい。

そのような批評で恥をかかされたアーティストは、才能をせき止められ、作品を公表するのをやめてしまったりする。完璧主義の友人や教師、批評家たちは、コンマがないことまでとやかく言う完璧主義の親と同じように、やる気になっている若いアーティストたちの熱意をくじいてしまう可能性がある。それゆえ、私たちは自分を防衛する方法を学ばなければならない。

別に、すべての批評を無視しろと言っているのではない。どこで、いつ、適切な批評を見つけるべきなのかということである。私たちはアーティストとして、誰からの批評がどんなときに適切なのかを学ばなければならないのだ。批評の出どころだけではなく、タイミングも非常に重要である。最初の草案は、きわめてやさしく洞察力のある人以外には、見せないほうがいい。芽を出そうとしている作品を世に送り出すには、ときには他のアーティストたちの手を借りる必要もある。ただし、作品の芽を大きく育てようとせず、単に厳しい目を向けるだけの批評や未熟な批評は、作品をだめにしてしまいかねない。

私たちはアーティストとしてどんな批評を受けるかを選べない。まわりの人やプロの批評家たちを、もっと健全に、もっとやさしく、もっと建設的にさせることもできない。しかし、不当な批評を受けたとき、内なるアーティスト・チャイルドを慰めることはできる。心の痛みを安全に吐き出せる友を見いだすこともできる。また、アーティストとして非難されたときに、自分の感情を否定したり、押し殺したりしない方法を学ぶこともできる。

アートには、卵をかえす安全な場所が必要だ。理想を言うなら、まず家族の中にそれを見いだし、次に学校の中に、そして最終的には、友人や自分を支援してくれる人々の輪の中に見いだすのが好ましい。しかし、理想はめったに実現しない。アーティストになりたければ、まず身の回りに安全な環境をつくり、自分の中のアーティスト・チャイルドを辱しめから守ることが先決だろう。

恥ずかしいと思っていることを作品を通して表現し、自分を解放するという手もあるが、他人がそれを歓迎するとはかぎらない。とくに、人間の魂の秘密を暴こうとすると、思わぬ罵声《ばせい》を浴びせられることがあると知っておくべきだ。

酷評されて自信を失いそうになったら、気持ちをしっかりもち、猜疑心にとらわれないようにしよう。とくに最初に浮かんでくる猜疑心に心を奪われないようにすることが大切である。いったん、猜疑心にとらわれてしまうと、アルコール依存症者が最初の一杯に引っかかるのと同じで、次々に別の猜疑心が頭をもたげてくる。そんなときには、すみやかに対応し、自分に肯定的な言葉をかけてやる必要がある。「お前はよいアーティストだ。勇敢なアーティストだ。よくやっている。創作するのはいいことなのだ……」

私が監督したロマンチック・コメディ『神の意志』が、ワシントンDCでデビューを果たしたときのことである。初期のジャーナリストとしての仕事をずっと『ワシントン・ポスト』でやっていたので、私にとってそれは故郷に錦《にしき》を飾るようなものだった。当然、「好評を博す」ことを期待していたが、上演に先立って紙面に掲載された批評欄には、そのような言葉は見いだせなかった。

『ワシントン・ポスト』から送り込まれてきた若い女性は、映画全体を映画人についての映画とみなして書いていた。さらに、セリフの「大半」が『カサブランカ』からの盗用だとつけ加えていた。彼女はなんの映画を見たのだろうと私は訝《いぶか》った。少なくとも私が作った映画ではなかった。私の映画には、芝居でよく使われる四十のおかしなジョークと一行の『カサブランカ』についてのジョークが含まれていた。それが事実だったが、なんのたしにもならなかった。

私は屈辱を受け、恥ずかしさにうちひしがれた。ほとんど死にたいぐらいだった。

恥の解毒剤は自分を愛し、ほめてやることなので、私はそうした。ロック・クリーク公園に散歩に出かけ、お祈りをした。自分自身のために、過去の賛辞や好意的な批評のリストを作った。自分自身に「どうでもいいことだわ」とは言わず、「お前はきっと立ち直る」と言い聞かせた。

こうして私はオープニングに出席した。批評よりもはるかに好評だった。

三か月後、私の映画はヨーロッパの有名な映画フェスティバルに選出され、主催者側は往復の飛行機代と滞在費用のいっさいを負担すると言ってきた。私はためらった。ワシントンの批評家たちが、毒のある辛辣《しんらつ》な批評を書きはじめていたので、行くのが怖かったのだ。

だが、私は行かないより行ったほうがよいことを知っていた。長年の経験で、現場に姿を見せたほうがいいと学んでいたのだ。実際に行ってみたところ、映画はよい値段で売れ、『バラエティ』誌の見出しにもなった。

ここにその見出しの言葉を紹介しておこう。

――「『神の意志』がミュンヘンでヒット」

私たちが創造的なのは、〝神の意志〟なのだ。

毒のある批評への対処法

まず、有益な批評とそうでない批評とを選別する目をもつことが重要である。他人の意見に惑わされず、自分自身で選別を行う必要があるのだ。アーティストとしての私たちは、人が考えるよりもはるかに高い選別能力をもっている。鋭い批評は、もし正確なら、合点のいく感覚をアーティストにもたらすことが多い。「なるほどそうか。そこがまずかった点なんだ」。有益な批評は結果的に私たちの作品にもう一つの謎《なぞ》を投げかける。

一方、役に立たない批評は、ただ打ちのめされたという感覚をもたらす。たいがいそれは人を見くだし、辱しめる調子で書かれている。内容はあいまいで、自分勝手であり、不正確なところが多いうえ、型にはまった非難をする。無責任な批評から学ぶべき点は何もない。

あなたの中のアーティスト・チャイルドは、虐待されると傷つく。それゆえ、いじめることを目的とした批評にこき下ろされたら、なんらかの手を打つ必要がある。

どのような批評に対処するにも、特定のルールがある。

◎批評はとりあえず全部読み通す。（友人などの批評なら全部聞く）

◎あなたを悩ませる考えや文句があったら、ノートに書きとめておく。

◎有益だと思われる考えや文句もノートに書きとめておく。

◎自分自身に安らぎを与える。たとえば、昔のよい批評を読んだり、ほめられたことを思い出す。

◎もしあなたが本当につまらない作品を作ったとしても、それが次の作品に役立つ踏み石になるかもしれないと覚えておこう。創造性の発達は、早く進むときもあれば、停滞するときもある。醜いアヒルの成長段階も必要なのだ。

◎批評をもう一度見直してみよう。それは過去の批判（とくに子ども時代、恥をかかせられた批判）を思い出させないだろうか。もしそうなら、現在の批評が昔から抱えている傷の痛みを再発させていると思ったほうがよい。

◎批評家やけなされた相手に手紙を書く（実際に、投函しなくていい）。自分の作品を擁護し、もしその批評にためになるところがあったら、それについても書く。

◎創作に戻り、新しい作品作りに取り組む。

◎創造することこそ、批評に対する唯一の治療法なのだ。

探偵ごっこ

創造性をせき止められている人たちの多くは、実際には、とても力強く、創造的である。ただ、彼らは自分の力や才能に罪の意識を感じた経験をもっているため、他人を傷つけることを恐れ、自分自身の力を押し殺したり、自分で自分を傷つけたりしている場合が多いのだ。

ここで、私たちが捨ててしまった人間（すなわち自分自身）を取り戻すための探偵ごっこをしてみよう。次に掲げる項目に沿って自由な連想を働かせ、心に浮かんでくることを書きとめてもらいたい。失われていた記憶や自分の思いがけない一面が蘇ると同時に、強い感情が浮かび上がってくるかもしれない。

◎大好きだった子ども時代のおもちゃ。

◎大好きだった子ども時代のゲーム。

◎子どものとき見た最高の映画。
◎あまりしたことはないが、してみたいこと。
◎もう少し心が軽くなったら、してみたいこと。
◎今より若かったときに、してみたかったこと。
◎大好きな楽器。
◎毎月、自分自身の楽しみに費やすお金の額。
◎もし余裕があったら、自分の中のアーティストに買ってやりたいもの。
◎自分自身のために確保する時間の長さ。
◎自分にとって怖い夢。
◎ひそかに読むのを楽しんでいる本。
◎もし完璧な子ども時代を過ごせたら、なっていただろう自分の姿。
◎もし人に頭が変になったと思われなかったら、書いていた本、あるいは作っていた作品。
◎両親が考えているアーティスト像。
◎神が考えているアーティスト像。
◎創造性を回復するプロセスで奇妙に思えること。
◎自分自身を信頼することについて。
◎自分をもっとも元気にさせる音楽。
◎大好きな服装。

成長のリズムを見守る

成長は、二歩進んで一歩戻るという変わった前進運動である。そのことを心に銘記し、自分自身にやさしくしてもらいたい。創造性の回復は癒しのプロセスである。火曜日にできたことが、水曜日にはできなくなっていることもありうる。それは正常だ。成長はスムーズに進行するとはかぎらず、ときには停滞する時期もあるのだ。落胆してはいけない。休息時間だと思えばいい。

しばしば、ひらめきに満ちた一週間があるかと思うと、次の週にはまったくなんのひらめきもないことがある。そのようなとき、モーニング・ページは無駄に思える。しかし、そうではない。あなたが学んでいるのは、書きながら休むということなのだ。つまり、疲れているときや、無気力なときにも書くのは、書きながら休むためなのだ。これが大変重要なのである。マラソン・ランナーは一マイル速く走るたびに十マイルゆっくりと流して走る。このルールは創造性のトレーニングにもあてはまる。

その意味で、「楽にやる」ことが創造性を育む鍵になる。毎朝、三ページのモーニング・ページを書き、一日に一つ、自分自身にやさしいことをする。これを守れば、心が少しずつ軽くなっていくだろう。ささいなことでいいから、具体的な方法で自分自身に親切にするよう、心がけてもらいたい。冷蔵庫やクロゼットを見てみよう。素敵な食事をしているだろうか？　靴下は充分あるだろうか？　余分なシーツは？　新しい家の植物はどうだろう？　古くなった服の一部を処分してみたら？　何もかもとっておく必要はないのだから。

「神は自らを助けるものを助ける」という表現が、まったく異なる新しい意味を帯びるかもしれない。かつて、それはこう訳された。「神は助けるに値する者だけを助ける」。しかし今や、「自分自身にささやかな恵みをもたらす者に、神はたくさんの贈り物をする」という意味になる。あなたが自分自身に毎日一つよいことをすれば、神はもう二つよいことをするのだ。

思いがけないところからの支援や励ましに注意していよう。無料のチケット、無料の旅行、夕食をごちそうしたいという申し出、中古ではあるがあなたにとっては新しいソファなど、変わったところからの贈り物を受け取ることをためらってはいけない。そのような助けに、素直にイエスと言える訓練をしよう。

きちょうめんな人なら、たとえば、自分の欲しい衣服の徹底したリストを作りたくなるかもしれない。リストにあげた品物が、気味の悪いほどの早さで手に入るということがよく起こるのだ。さっそく自分の目で確かめてみよう。

なによりもまず、ひとりになることを心がけよう。あなたは静かな時間に浸る必要がある。自分自身にチェック・インする習慣を身につけよう。一日数回、ただ休息をとり、自分がどう感じているかを自問し、その答えに耳を傾けてみればいいのだ。その場合、親切に答えることが大切だ。もしあなたが何かを一生懸命している最中なら、のちに自分自身に休息を与え、もてなしてやる約束をすればいい。

そう、私は自分自身を赤ん坊のようにやさしく扱うことを要求しているのだ。私たちは、アーティストになるためには、タフで、冷笑的で、知的かつ冷淡でなければならないと信じきっている。そんなことは批評家に任せておけばよい。もともと創造的なあなたは、いじめられるときよりもおだてられるときのほうがより生産的になれるのだ。

［今週の課題］

①子ども時代の自分の部屋はどんなだっただろう。お望みなら、部屋のスケッチを描いてもいい。その部屋の中で、好きだった物は？　現在の部屋の中で、好きな物は？　もしも何もないというのなら、気に入った物を何か手に入れよう。子ども時代の部屋にあった物を探し出してきてもいいかもしれない。

②子ども時代の自分を振り返り、自分の中の好きだった性質を五つあげる。

③子ども時代に達成したことを五つあげる（六年生のときに全部Aを取った。犬のしつけをした。クラスのガキ大将をやっつけた）。

④子どものときに好きだった食べ物を五つあげる。今週その一つを買おう。もちろん、バナナ入りジェリーでもOK。

⑤自分の習慣を見てみよう。その多くは、自分を育てることを妨げ、羞恥の原因になっているかもしれない。なかには、自己破壊的な習慣もあるだろう。好きでもないテレビ番組をだらだら見る習慣がないだろうか？　退屈な友人とたむろし、暇つぶしをしていないか？　飲みすぎ、喫煙、書く代わりに食べるなど、歴然としているくだらない習慣を三つあげよう。それらを続けていて、どんなプラスがあるのだろう？　もっと微妙でくだらない習慣もある。運動する時間がない。祈る時間がほとんどない。いつも人の世話ばかりして自分自身を育てることをしていない。あなたの夢をけなす人々とたむろしているなど。

⑥あなたの障害になっている人を三人、リスト・アップする。そのような人間が何かの役に立っているとすれば、どんな役に立っているのだろう？　具体的に説明してみよう。

⑦あなたを育ててくれる友人を三人、リスト・アップする。「育てる」というのは、あなた自身が自分の力や可能性を信じる力を与えてくれることをさす。彼らの助けがなければ物事を達成できないというようであれば「育てられる」ことにはならない。助けられることと、まるで無力であるかのように扱われることとの間には、大きな隔たりがある。とくに、あなたにとって役に立つのは、自分を育ててくれる友人のどんな性質だろう？

⑧あなたを、物事を達成できる賢い善良な人間として扱ってくれる友人に電話をかける。あなたの創造性の回復の一端は、助けを手に入れられるかどうかにかかっている。この助けは、あなたが新しいリスクを背負うときに重要となる。

⑨あなたが尊敬する人を五人、リスト・アップする。次に、あなたがひそかに尊敬している人を五人、リスト・アップする。彼らがもっている性質で、あなたが自分自身の中に育てることができるものはなんだろう？

⑩すでに亡くなった人で、あなたが会いたかった人を五人、リスト・アップする。次に、あの世でしばらくいっしょに過ごしたいと思う人を五人あげる。こういった人たちのどんな性質があなたの友人のなかに見いだせるだろう？

⑪二つのリストを比較してみる。あなたが「心の底から尊敬している人物」と、「尊敬すべきだと思っている人物」を比べてみてもらいたいのだ。「尊敬すべき人物」はエジソンかもしれないが、本

当に好きなのは、フーディーニ（米国の奇術師）のほうかもしれない。しばらく、あなたのフーディーニの面と仲よくしよう。

⑫誰でも心の中に、内なる羅針盤をもっている。それは私たちに健全な方向を指し示す本能であり、危険な状況にさしかかると、警告してくれる。安全で大丈夫だというときにも、知らせてくれる。モーニング・ページは内的な羅針盤と接触する一つの方法。絵を描く、ドライブをする、散歩をする、彫刻をする、ランニングをするなど、いくつかのアーティスト脳の活動もそうだ。今週は、自分の内的な羅針盤に従い、アーティスト脳の活動をし、どんなひらめきが起こるか試してみよう。

［チェック・イン］

①今週は何日、モーニング・ページをしましたか？　この一週間、モーニング・ページをやってみた感想は？　もしやらなかった日があるなら、その理由はなんですか？

②今週、アーティスト・デートをしましたか？　あなたは何をし、どう感じましたか？

③今週、なんらかのシンクロニシティを体験しましたか？　どんな体験ですか？

④今週、あなたの創造性の回復にとって重要だと思われることが、ほかにありましたか？

第4週 本来の自分を取り戻す

今週は自分のものの見方を変えることにチャレンジします。これからご紹介する文章、課題、エクササイズなどは、実りある内省を促し、新しい自覚を育もうとするものです。それは大変難しいことですが、きわめて刺激的でもあります。「一週間、活字を読まない」というエクササイズは省かないよう、とくに注意しましょう。

「大丈夫」なふりをやめる

モーニング・ページに取り組むことによって、私たちは、秘め隠されている本当の感情と、まわりの人の目に映る表向きの感情との違いを識別しはじめる。私たちはともすれば「そのことなら（失業、彼女の浮気、父親の死など）、もう大丈夫」という顔を他人に向けたがる。

「大丈夫」とは、具体的にどういう意味だろう。もうあきらめたということなのだろうか？　それとも、受け入れた、快適だ、気にしていない、何も感じない、うれしい、満足した、いずれかの感情だろうか？私たちは人前では平気そうな顔をするが、はたして本当に大丈夫かどうかは疑問である。たいていの人にとって、「大丈夫」は覆いをかける言葉だ。それはあらゆる種類の動揺に覆いをかけるが、その裏には喪失感が隠れている場合が多い。

創造性の回復をうまく進めるには、本当は大丈夫ではないときに、「大丈夫」という言葉を安易に言わないようにする必要がある。モーニング・ページは私たちに他の答え方を求める。

長年ワークショップを続けるうちに、自分にとって不愉快なことが明らかになりそうになると、かならずモーニング・ページをないがしろにしたり、やめたりする傾向があることに私は気づいた。たとえば、ひじょうに怒っているのにそれを認めようとしない人は、「大丈夫」と言いたくなる誘惑にかられるが、自分と直面するモーニング・ページはそのような逃げを許さない。そのため、人々はモーニング・ページそのものを避けようとするのだ。

運動選手が思うように走れないといらだつように、モーニング・ページを書き慣れた人たちは、思うようにペンが走らないとイライラする。私たちは絶えず、原因と結果を逆転させたくなる。「書かなかったから気分が悪い」とは考えず、「気分が悪いから書けなかった」と考えるのだ。

一定の期間続けると、モーニング・ページは霊的なカイロプラクティックとして働く。それらは私たちの価値観を再編成する。もし人生の軌道を修正したいと思っていれば、モーニング・ページはコース調整が必要だと教えてくれる。すると、私たちはわき道にそれていることを自覚し、修正するようになる。

モーニング・ページは次々に自分の正体を暴いてみせながら、「自分自身に正直であれ」と語りかけてくる。画家のミッキイが、自分は喜劇を書きたいと思っていることをはじめて知ったのは、モーニング・ページの中でだった。彼女の友人がすべて作家だったのも不思議はない。彼女もじつはそうだったのだ！　チェーホフは「もし芸術に取り組みたければ、人生に取り組みなさい」と言った。これは、自己表現をするにはまず、表現する自分をもたなければならないということだろう。モーニング・ページは、その役割を果たす。

自分を認識するプロセスには、何かを獲得するだけではなく喪失することも含まれている。私たちは自分の境界を発見し、この境界は、自分と他人の違いを際立たせる働きをする。自分の認識がはっきりしてくるにつれ、勘違いすることも少なくなる。また、あいまいさが薄れ、幻想を抱かなくなる。このようにして、私たちは明晰《めいせき》になっていき、その明晰さが変化を生み出すのだ。

「私はもうこの仕事を必要としなくなった」という言葉が、モーニング・ページに現れたとしよう。最初、それは単にわずらわしく感じられる。しかし、時がたつにつれ、それは行動やプランを要求するものになっていく。「私たちの結婚生活はうまくいっていない」という言葉は、「夫婦でセラピーを受けてみようかしら」となり、「ただ自分に退屈しているだけではないかしら」となっていく。

モーニング・ページは問題を浮かび上がらせるだけではなく、ときには解決策も示してくれる。「私は自分に退屈している。フランス語を習ったら楽しいかもしれない」「家から少し行ったところで、陶芸と機織りクラスの広告を見つけたわ。おもしろそうね」

どの友達が自分を退屈させ、どんな状況が自分を窒息させるのかわかってくるにつれ、私たちはしばしば悲しみのうねりに翻弄《ほんろう》される。そんなとき、幻想を取り戻したくなるかもしれない！　友情がうまくいっているふりをしたくなることもあるだろう。新たな仕事探しをしなければならなくなって、いやな思いをするようなことはできるだけ避けたいのだ。

自分を変えなければならない事態に直面すると、私たちはどうしてもそこから逃げたくなる。「苦痛を避けてばかりいては、何も得られませんよ」とよく言われるが、たとえどんなに恩恵をこうむろうと、痛い思いはしたくないのだ。

しかし、意識を高めることに興味がなくても、モーニング・ページを通して自分が本当に求めているものが見えてくると、それを得るために必要な変化を、最後には、喜んで引き受けるようになる。そのとき、サンスクリット語で霊性の危機あるいは霊的な服従を意味する「クリヤ」を避けては通れない。

私たちは誰でもクリヤがどのようなものか知っている。恋人との破局を迎えた直後にかかる悪質な風邪。無理な締め切りのために自分の体を酷使したことを告げるいやな鼻風邪や気管支炎。トラブルを抱える兄弟を世話したあとに起こる原因不明の喘息《ぜんそく》の発作。それらはすべてクリヤだ。

心身相関的な症状となって表れることが多いクリヤは、精神が私たちに突きつける最後通告だといっていい。

クリヤは、

◎人を人とも思わないこんな恋人とは、もういっしょに過ごせない。
◎週八十時間も働かなければならない仕事なんてできない。
◎自分勝手な兄なんか救えない。

という事実が、「わかった？」とあなたに問いかけているのだ。

ツウェルブ・ステップ（アルコール依存から立ち直るためのプログラム）を行っているグループでは、クリヤはしばしば「明け渡し」と呼ばれる。そこで人々はしがみついているものを手放すよう言われる。自分が何にしがみついているかがわかれば、それを手放すことができる。モーニング・ページは、私たちが日々、思っていることをかき集め、ふだん無視しがちな小さな心の傷や、認めることができないでいる大きな成功を明らかにする。つまり、モーニング・ページはあるがままの現実に至る道を指し示すのだ。「お前は今、こんなふうに感じているのだ。それでどうする？」とモーニング・ページは語りかけてくる。

その答えの一つがアートなのだ。

古い自分を喪失する

創造的な生活は、空想に根ざしていると私たちは考えがちだ。しかし、真実はそうではない。創造性は現実に根ざしている。とりわけ、じっくり観察されたものや具体的に想像されたものが創造の基盤になるのだ。

自分自身の輪郭がはっきりし、自分の価値観や人生の状況が鮮明になってくると、私たちは瞬間に生きることができるようになる。私たちが創造的な自分と出会うのは、そのような場所においてである。孤独であることの自由を味わえるようになるまでは、創造的な自分とつながることはできない。たまたま創造的な自分に巻き込まれることはあっても、それは出会いとは呼べないものだ。

アートは出会いの瞬間に横たわっている。私たちは自分の真実に出会い、自分自身と出会う。自分自身と出会うということは、独自の自己表現をもつということでもある。そのとき、私たちは唯一無二のかけがえのない存在となる。そうした独自性から、芸術は誕生する。

自分の創造的なアイデンティティを獲得するにつれ、あるいは取り戻していくにつれ、私たちはそれまで維持していた偽りの自己を見失う。この偽りの自己の喪失は、心の痛手として感じられることがある。一時的に、自分が何者なのかわからなくなるからだ。

だが、自分自身を「未開の地」と感じるようになればなるほど、創造性を回復するプロセスが進行しているのだということを覚えておこう。あなたは自分自身の約束の地であり、自分自身のニュー・フロンティアなのだ。

アイデンティティの変化には、好みや知覚の変化が伴う。健全なことが進行しているもっとも明らかな兆候の一つは、雑草を抜きたくなったり、古い衣服、論文、持ち物などを整理し、いらなくなったものを処分したくなったりすることだ。

古くなったものや使えなくなったものを処分すれば、新しいものや必要なものが入ってくる余地ができる。見すぼらしい古い服でいっぱいになったクロゼットは、新しい服を招き入れてくれない。かつてあなたがしがみついていた、ガラクタであふれかえっている家には、今日の生活を本当に高めてくれるものを収納するゆとりがない。

整理し、かたづけたいという衝動にかられるとき、二つの相反するあなたが働いている。一つは、悲しみながら立ち去ろうとしている古いあなた、そしてもう一つは新しく誕生し、成長しようとしている新しいあなたである。あらゆる対立と同じように、そこには緊張と解放の両方がある。長く居座っていた憂うつが、氷のかたまりのように溶けたかと思うと、長い間、凍りついていた感情が溶けて流れ出し、ときに洪水となって襲いかかってきたりする。あなたは自分自身をはかない、うつろいやすい存在だと感じるかもしれない。まさにそのとおりなのだ。

突然の涙や笑いに備えよう。突然の喪失のショックには、ある種のめまいが伴うかもしれない。自分が事故にあい、衝突現場から歩み去りつつあると考えてみたらどうだろう。あなたの古い人生という車が衝突し、炎上したのだ。あなたの新しい人生はまだ現れていない。あなたは一時的に車を失ったと感じるかもしれないが、ただ歩きつづけてもらいたい。

「そんなにドラマチックなことは起きっこない」と思うなら、感情の打ち上げ花火に備えるだけでもいい。あなたの変化は、さらにひそやかで、暗くたれ込めていた雲が、青空のあちこちに浮かぶ明るい雲に変わっていくのに似ているかもしれない。だが、どのような成長の仕方をしようとも、あなたが気づくと気づかないとにかかわらず、日々ゆっくりとした微妙な変化が蓄積されていると知っておくことが大切である。

「ぼくにはドラマチックなことが何も起こらない。創造性の回復が進んでいないんじゃないだろうか」。私の目からすれば、高速で変化している人が、そんなふうに言うことがよくある。だが、いったん、モーニング・ページやアーティスト・デートのプロセスに没頭しはじめると、私たちは自分自身では気づかないペースで変化しはじめる。ジェット機に乗った旅行者が、乱気流のかたまりにでもぶつからないかぎり、自分たちの速度に気づけないのと同じように、アーティスト・ウェイの旅行者は自分たちの成長の速度に気づけない。実際に起こっていることに気づけないのは、否定することと同じで、そのために、自分に「起こっていない」創造性回復のプロセスをやめたくなる人もいる。

自分の中の創造主に癒しをゆだねると、私たちの態度は変化し、転換が起こりはじめる。私がここでそのいくつかを紹介するのは、その多くが最初は癒しと認められないからだ。実際に、気が触れたのではないかと思う人もいる。破壊的になったと感じることさえある。よくても、常軌を逸しているように思うのが普通だ。

まずエネルギーのパターンに変化が生じ、夜見る夢や白昼夢が強烈に、そして鮮明になる。夜見る夢は忘れがたいものとなり、白昼夢は無視できないものとなる。縁起のいい空想や思いがけない空想が出現しはじめる。

次に、以前はしっくりいっていたかのように思われた人生の多くが、しっくりいかなくなり、もっている服の半分が変なものに思えてくる。カーテンを替えたくなったり、捨てたくなったりすることもある。音楽の好みが変わる場合もある。突然、歌ったり、踊ったり、走ったりしたくなることさえある。

その一方で、自分の正直さがわずらわしく感じられるようになる。好き嫌いの言葉が頻繁に口をついて出てくるといったことも起こる。要するに、あなたの好みや判断や個人的なアイデンティティが透けて見えはじめるのだ。

あなたがしているのは、鏡の汚れをぬぐうことだといってもよい。日々のモーニング・ページは、ふだんの自分と本当の自分との間にこびりついている汚れをふき取ってくれる。自己イメージが鮮明になるにつれ、それまで気づかなかった好き嫌いを見いだし、驚かされることもある。たとえば急にサボテンが好きになり、なぜアイビーの鉢をもっているのか疑問にかられたり、着心地がよいと感じたことがないのに、なぜいつも茶色のセーターを着てるんだろうと思ったりするのだ。

私たちは、他人が自分をどう見ているかを受け入れるよう条件づけられているので、この新しく出現する自分は、わがままだと感じられるかもしれない。しかし決してそうではない。

自分の輪郭がはっきりしてくると、雪の結晶のようなあなたの魂のパターンが現れはじめる。私たちはそれぞれ、二人といない創造的な個人である。ところが、糖分やアルコールのとりすぎ、ドラッグ、働きすぎ、過小評価、悪い人間関係、害になるセックス、運動不足、テレビの見すぎ、寝不足など、さまざまなかたちの「魂のジャンク・フード」によって、そのユニークさをしばしば汚してしまう。モーニング・ページはそうした意識の汚れを自覚する助けになる。

一定期間、モーニング・ページを書いて振り返ってみると、気がつくことがある。自分自身の中の創造主が働けるゆとりを積極的に確保すると、多くの変化が人生に入り込んでくるのだ。これは、ときに混乱を招くほどエネルギーが高じたり、怒りが爆発したり、ひらめきが起こりやすくなったりするという変化である。また、人や物が異なった意味を帯びるようになるかもしれない。この変化はまた、物事の流れに身を任せることで、急に展望が開けるフローの感覚としても表れる。

とまどいと自信、二つの感覚を味わうのも当然かもしれない。あなたはもはや停滞してはいない。だが、自分がどこに向かおうとしているのかわからない。行く先が不安なため、まだ可能性を信じて動き出していなかったころを懐かしく思うこともあろう。

素早く動いているときには、休みたいと思うのは正常なことだ。あなたが学ぼうとしているのは、動くボートの中で横たわって休むこと、つまり、動きながら休む、ということである。モーニング・ページはあなたのボートなのだ。あなたを乗せて前に進むと同時に、あなたに休息の場所を与えてくれる。

自分の内側に目を向け、モーニング・ページを書くというプロセスが、心の中の扉を開け、創造主の助けや導きを引き出してくれる。だが、これを理解するのはたやすくはない。私たちの積極性が、この内的な扉を開かせるのだ。モーニング・ページを書くということは、私たちが進んで創造主に語りかけ、創造主の言葉に耳を傾けることを表している。

この時点で、大きな励ましになるのは、モーニング・ページを自分の成長を確認する道具にすることだ。アイデンティティの転換が起こっているとき、「自分のものの見方を信じている」とモーニング・ページに書けば、強力な自己肯定となり、新しい自分の誕生を後押ししてくれるだろう。

埋もれた夢・エクササイズ

創造性を回復する旅の途中で、しばしば埋もれた夢や喜びの断片を見いだすために、自分自身の過去を発掘する必要が出てくる。ちょっとした発掘作業をここでやってみよう。細かいことにも注意してもらいたいが、これは自由連想によるエクササイズなので、素早く答えを書きとめるようにしよう。速さがあなたの中の検閲官を黙らせるのだ。

◎おもしろいと思う趣味を五つあげる。
◎おもしろいと思う課目を五つあげる。
◎おもしろいと思うが、自分では絶対にやらないことを五つあげる。

◎もっていたら楽しいだろうと思う技術を五つあげる。
◎かつて、するのを楽しんでいたことを五つあげる。
◎もう一度試したいと思っている愚かなことを五つあげる。

これまでやってきたのと同じように、私たちは特定の問題にさまざまな角度からアプローチしていく。すべては、あなたが楽しみたいと思っているものについての情報を、無意識から引き出すことがねらいだ。これから紹介するエクササイズは、あなた自身について多くのことを教えてくれるだろう。と同時に、あなたが今、リスト・アップした関心事を追求する時間をつくってくれるだろう。

一週間、活字を読まない・エクササイズ

人生や創造への道で行き詰まったら、飛躍したいとあせるよりも、一週間、活字を読まないでいることのほうが効果的だ。

活字を読まないでいる？　そのとおり、まったく読まないのだ。ほとんどのアーティストにとって、言葉はちょっとした精神安定剤になっている。私たちは日々、メディアの言葉にさらされ、それらをのみ込み、揚げ句に脂っこいものばかり食べたように、辟易《へきえき》している。

外からくる情報をシャットアウトすると、私たちはふたたび感覚の世界に連れ戻される。視界を遮る新聞がなければ、通勤電車は動くギャラリーになるし、没頭する小説や、感覚を麻痺させるテレビがなければ、夜は様相を一転して広大なサバンナと化す。このように外からの刺激を断つことが、心の内側にある

創造の井戸を満たすことにつながるというのは皮肉な話である。

私たちはテレビやラジオを通して、いろいろなゴシップや休みのないおしゃべりにつきあわされている。そのため、ほとんど心が静まることがなく、自分自身の内なる声や、ひらめきの声を聞き取ることができない。だが、しばらく活字を読まないでいると、心の静寂を取り戻すきっかけになる。もちろん、テレビやラジオなど、他の汚染源からの情報もできるだけ遠ざけておく必要がある。

入ってくる情報に気を配り、最小限に抑えていれば、すみやかに、「活字を読まない」ことの恩恵を受けられるようになる。なにより大切な恩恵は、外向きのエネルギーの流れが出てくることだ。それにつれ、創造性や感情の流れをせき止めていた障害が押しのけられ、創造のエネルギーが自由に流れるようになる。

活字を読まないでいることは、強力なツールであるとともに、きわめて怖いツールでもある。「活字を読まないでいるなんて、考えただけで、とんでもない！」という人もいる。創造性をせき止められているほとんどの人にとって、読書はいわば嗜癖《しへき》の一つになっているのだ。私たちは、自分自身の思考や感情を消化したり、自分自身で何かをつくりあげたりすることよりも、他人の言葉を鵜呑《うの》みにすることのほうがはるかに多い。

ワークショップでも、「活字を読まない」という四週目の課題は、いつも大変だ。私はみんなの敵になる覚悟で演題に立ち、反論や皮肉の波が起こることを承知で、この一週間、活字を読まないでいましょうと切り出す。

かならずこう言い出す生徒がいる。「私は、活字を読まなきゃ仕事になりません。義務も責任もある、重要で忙しいポストにいるんです」

このような言葉は、たいてい見下した口調で語られる。あたかも私が大人の生活の複雑さを理解できない、愚かな子どもやアーティストのクズであるかのようだ。それでも私は口を挟まず、ただじっと聞いている。

生徒が怒りを表現し、大学の授業や仕事で課された読書について一通り言い終えたあと、私はこんなふうに話す。「私もずっと仕事をもっていましたし、大学にも通いました。課題が出ているのに、ぐずぐずする癖で、一週間、何も読まないでいたことが何度もあります。創造性をせき止められた人は、提出期限といった難局を切り抜けようとするとき、とびきり創造的になれるんです。みなさんの創造性を、何も読まずにいることに注ぎ込んでみてはいかがでしょう」

「でも、代わりに何をすればいいんですか？」という質問が返ってくる。

ここに、活字を読んでいないときに人々がすることを簡単にリスト・アップしてみよう。

◎音楽を聴く。
◎編み物をする。
◎体を鍛える。
◎カーテンを作る。
◎料理をする。
◎瞑想する。
◎犬を洗ってやる。
◎自転車を修理する。
◎友人を夕食に招く。
◎クロゼットを整理する。
◎水彩画を描く。
◎ステレオを修理する。
◎請求書の支払いをする。
◎寝室の壁を塗り替える。
◎本棚を整理する。
◎旧友に手紙を書く。
◎キッチンの配置換えをする。
◎ダンスに行く。
◎植物の鉢を替える。
◎繕い物をする。
◎ドライブに行く。

たとえ、活字を読む必要がない場合でも、このエクササイズに抵抗を感じることがある。私の経験では、もっとも強い抵抗を示した人ほど多くを得たことを報告しておきたい。このエクササイズのねらいは、活字を読まないでいると、遅かれ早かれ手持ち無沙汰《ぶさた》になり、遊びたくなるところにある。お香を焚いたり、古いジャズのCDをかけたり、棚をターコイズブルーに塗ったりしたくなるのだ。
もし何もすることを思いつかなかったら、チャチャを踊ろう。

［今週の課題］

①環境を考えよう。あなたの理想の環境を説明してほしい。町、田舎、気取ったところ、居心地のよいところ……。なぜそこが好きなのかがわかる文章やイメージを自分で書いたり、雑誌から切り抜いたりしてみよう。また、好きな季節についても、同じ方法で気に入ったイメージを見つけよう。これも切り抜きでも自分の絵でもよいので、仕事場の近くに貼っておこう。

②タイム・トラベルその1。八十歳になった自分を想像し、五十歳を過ぎてから、どんな楽しいことをしたか、具体的に述べよう。次に、八十歳のあなたから現在のあなたへ手紙を書こう。あなたは自分自身になんと告げるだろう？　どんな興味を追いかけるようにすすめるだろう？　どんな夢をすすめるだろう？

③タイム・トラベルその2。八十歳のあなたが人生を振り返ったとき、何をしたかったと思うだろう？　人生で好きだったことは？　この二つを具体的に考え、八十歳のあなたから現在のあなたへまた手紙を書いてみよう。自分にあなたは何を告げるだろう？

④環境をもう一度考える。自分の家を見回してみよう。自分一人のプライベートな空間があるだろうか？　テレビを置く部屋を変えてみたらどうだろう？　スクリーンなどを買って部屋を仕切って個室にする手もある。そこはあなたの夢のスペースだから、仕事場としてではなく楽しむために飾るべきだ。あなたに本当に必要なのは、椅子やクッション、紙とペン、花やロウソクを飾る小さな祭壇だけである。このスペースはエゴを満足させるためではなく、霊性に触れるためのものだ。

⑤二週目の課題で作った人生のパイをもう一度作って、自分の成長を振り返ってみよう。いびつなタランチュラは、形を変えただろうか？　あなたは前より活動的になっただろうか？　硬さがほぐれ、表現力がついただろうか？　あまりにも早い変化を期待しないように注意しよう。成長は、飛躍するものではない。時間をかけて、確かなものにしていかなければならないのだ。一日に一度、あなたは健全なアーティストの習慣を身につけていく。簡単であることが、それを実現する決め手になるのだ。

⑥自分の中のアーティストに買ってやりたいものをリスト・アップしてみよう。朗読テープ、雑誌の定期購読、劇のチケット、ボウリングのマイ・ボールなど。

⑦自分自身のアーティストの祈りを書き、一週間、毎日それを唱えよう。

⑧アーティスト・デートの延長。自分自身のためにちょっとした休暇を計画しよう（週末の一日、実行に移す準備をしよう）。

⑨クロゼットを開けてみよう。もう気に入らなくなった服を一式捨てるか、人にあげるか、どこかに寄付しよう。そうやって、新しい服が入る余地をつくるのだ。

⑩変えるべきだと思っているにもかかわらず、まだ変えていない人生の状況を一つ選ぼう。そこで踏みとどまっていることのメリットはなんだろう？

⑪もし活字を読まないでいるというルールを破ってしまったら、その理由を書こう。腹が立ったのだろうか？　仕事だろうか？　それとも、一時的にルールを忘れてしまったのだろうか？

［**チェック・イン**］

①今週は、何日、モーニング・ページをやりましたか？　モーニング・ページをやらないと、しばしばかんしゃくを起こすことがあります。この一週間、モーニング・ページをやってみた感想は？

②今週は、アーティスト・デートをしましたか？　創造的なものに触れるといっても、いつも映画のビデオを借りるだけでは新鮮味がありません。あなたは何をし、どう感じましたか？

③今週、なんらかのシンクロニシティを体験しましたか？　どんな体験ですか？

④今週、あなたの創造性の回復にとって、重要だと思われることが、ほかにありましたか？

第5週 できるという感覚を取り戻す

今週は、停滞していることによって、あなたにどんなメリットがあるかを検討します。その結果、受け取ることのできる幸運を制限していたために、いかに自分自身の可能性を狭めているかを探求することになるでしょう。また、本来の自分でなく見かけのよい自分を演じることによって、どんな代償を払っているかも見ていくことになるでしょう。自分が伸び悩んでいる原因を他人のせいにしていたのでは、成長はありません。あなたに必要なのは、自分の成長に自ら責任をもつよう、心根を入れ替えることなのです。

自分で自分を制限しない

宇宙の豊かさを受け入れるときの大きな障害の一つに、自分にできることを自分で制限してしまうことがある。私たちは内部の創造主の声にチューニングを合わせ、メッセージを聞いたとしても、無分別なことや不可能なこととしてしりぞけてしまう。誇大妄想を追いかける愚か者に見られたくないという思いから、私たちは自分の内部の声をないがしろにし、充分に実現可能な多くの計画を葬り去ってしまう。

ほとんどの人は、自分の中の創造主がいかに膨大な潜在能力をもっているかを理解していない。そのため、無限の潜在能力のほんの一部しか引き出そうとしない。私たちは自分を出し惜しみし、内なる創造主が与えてくれるものに、無意識のうちに制限を課す癖がある。それゆえ、想像を超える贈り物を受け取ると、往々にしてそれを送り返してしまう。だが、自分がどれだけ豊かな能力をもっているかを決定するのは、自分自身なのだ。

読者のなかには、祈りをかなえてくれる魔法の杖《つえ》の話をされているような印象をもつ方もいるかもしれない。あながちそれも否定できない。しかし、もっと重要なのは、自分を超える力と自ら進んで協力し合い、否定的パターンの残骸《ざんがい》をゆっくりとかたづけ、自分が欲しているもののビジョンを明らかにしていくことなのだ。ビジョンを受け入れられたとき、祈りがかなえられていると気づくだろう。

宇宙は無限の供給源であり、誰でも平等にそれを活用できる。この事実を認識すれば、多くをもちすぎることに対する罪の意識は消滅する。自分がどんなに豊かになっても、誰も搾取することにはならないからだ。宇宙の恵みを心よく受け取ることを学べば、自分自身を妨害する必要もなくなる。

自分をみじめだと思う理由の一つは、「不足している」という考えからくる。自分の幸運が尽きるのを望む人はいない。そのため、限られた資産をやりくりするようにどうしても自分を出し惜しみし、物事の流れを制限しようとする。しかし、宇宙は無限のエネルギーを生み出す源である。この事実を思い返せば、自分の創造的なパワーに、より効果的に接することができる。

宇宙は無限の資産をもっている。映画や小説、詩、絵画、歌、仕事のアイディア、すべてが宇宙の資産の一部である。愛や友人、家族もそうだ。私たちは、自分の中の創造主の声に耳を傾けることによって、自分にふさわしい友人や恋人を見つけ、お金や意義のある仕事を見いだしていく。

しばしば、欲しいものが手に入らないと思うのは、自分の欲求に振り回されているからである。私たちは自分の欲求に基づいて人や物を操作するのではなく、物事の自然な流れに身を任せることを学ばなければならない。

作家のカラは、人をこき使うエージェントと、必要以上に長く組んでいた。というのも、その仕事の絆を断ち切ることは自殺行為だと思ったからだ。両者の関係は言い訳や疑心暗鬼に塗り固められ、かなりギクシャクしたものだった。作家のプロデュースにかけては名のあるエージェントだったので、なかなか手を切る決心がつかずに迷っていたが、あるとき、電話でひどくののしられたカラは、関係を断つと告げる手紙を書いた。そのとき彼女は、宇宙に飛び出したかのように感じたという。

夫が家に帰ってくると、彼女は自分から契約を手放した理由を涙ながらに訴えた。それを聞いて夫は答えた。「一週間前、書店に行ったら、そこの店長に聞かれたんだ。きみの奥さんはいいエージェントと仕事しているか、とね。彼はこんな女性を紹介してくれたよ。電話してみたらどうだい」

涙ながらにカラは夫の進言に従い、電話をかけた。そして、すぐに新しいエージェントと意気投合し、以来、いっしょに仕事をし、成功を収めている。

私に言わせると、これはシンクロニシティを表していると同時に、幸運の源としての宇宙との正しい関係を表している。カラはうまくいっていないエージェントとの関係にしがみつかず、それを手放した。そのとたん、助けの手が差し伸べられ、それを素直に受け入れたから新しい人生に入っていくことができたのだ。

私は最近、ある女性アーティストからも、自分を肯定したら新しいすばらしいエージェントが見つかったという話を聞かされた。

もう何年も創造性を回復するワークをやってきたにもかかわらず、私自身の中にも、「そんなうまい話がある？」と、疑いたくなる冷笑的な側面がある。神は、原子構造を生み出すことはできるが、私たちの絵画、彫刻、著作、映画といった芸術的な活動は手助けできない、とどこかで思っているのかもしれない。しかし、そのような考えに凝り固まってしまうと、宇宙が思いがけない助けの手を差し伸べてきたときに、それを見逃してしまうかもしれない。

世間一般でいう成功を収めたい、洗練されたい、かしこくなりたい、という欲求は、しばしば創造性の流れをせき止める。私たちは自分の幸運がどこからやってくるかについて、さまざまな考えや憶測をもっている。ハリウッドの脚本家として、私は他の脚本家たちと何度も次のような会話を交わしてきた――エージェントはしばしば役に立つが、多くの幸運は「隣人」「行きつけの歯医者の兄弟」「私の妻が、いっしょに大学に通った人物」といったところからくる、と。これはまた、幸運には人知を超えた力が働いている証拠だといっていい。

幸運の波に乗るには、幸運の源からのメッセージを聞けるようになることだ。モーニング・ページは、その方法の一つ。夜寝る前に、導きを必要とする物事をリスト・アップしておき、翌朝、モーニング・ページを書くときに、回答を聞くのだ。その際、あらゆる助けに心を開く姿勢でいることが大切である。

川を見いだす

すでに四週間にわたって、私たちは自分の心を探求してきた。いかに自分が否定的に考えたり、恐怖にとらわれたりしやすいかわかってもらえただろう。自らの創造的な声に耳を傾け、その導きに従うことがいかに怖く感じるものかも見てきた。私たちは希望をもちはじめたとたんに、その希望を恐れるのだ。

心の成長はゆっくりと進む。そのペースに合わせて、私たちはエゴという狭い自己イメージへのとらわれから、一歩一歩、自分を解き放ってきた。一日一日、自分自身に正直になり、肯定的なことに心を開いてきたはずだ。驚くべきことに、それは人間関係にも波及し、あなたは、以前よりも自分のことを正直に語り、人の真実に耳を傾け、自分にも人にも、はるかに親切に接することができるようになっているだろう。以前は自分や他人を批判的にばかり見ていたが、そうした傾向もだいぶ薄らいできているだろう。

どうしてそうなったのか？　意識の流れを書きとめるモーニング・ページが、凝り固まった意見や視野の狭い見方にしがみつくことを徐々に緩めているのだ。今や私たちは、自分の気分や見方、洞察はうつろいゆくものであることに気づいている。そして、人生はつねに動き、変化しているという感覚をもっている。そうした感覚こそ、私たちを正しい暮らしに向かわせ、素敵な友人との出会いを用意し、すばらしい運命へと導いてくれる恩寵の流れなのだ。

自分の内なる創造主に頼ることは、それ以外のすべての依存から自由になることを意味する。逆説的に聞こえるかもしれないが、それは人と嘘偽りのない親密な関係を築く唯一の道でもある。「捨てられるのではないか」という恐怖から自由になればなるほど、私たちはもっと自然に生きられるようになる。愛されていることをしつこく確認しようとしなくなれば、周囲の人たちはあまり重荷と感じずに、あなたを愛することができるようになる。

私たちが耳を傾けるようになればなるほど、アーティスト・チャイルドは安心し、少しずつ大きな声で語りはじめる。最悪の日ですら、小さな肯定的な声が、「あなたにはまだできるよ」とか「やってみたらきっと楽しいわ」とささやいてくれる。

創造性の回復は、川を見いだし、その流れを、たとえ速くても受け入れていくプロセスである。創造性の回復が進むと、自分でも驚くほど、いろいろな機会にノーと言わずにイエスと言うようになる。古い自己イメージに代わって台頭してくる新しい自分は、さまざまな風変わりな冒険を楽しめるかもしれない。

いかにも成功者らしい身なりをした精力的な弁護士、ミシェルはフラメンコのレッスンに申し込み、夢中になった。それまで彼女の家は、滑らかなデザインのハイテク機器が並ぶ展示場のようだったが、とつぜん、青々と茂った植物、大きなクッション、官能的なお香などに満たされはじめた。かつて白かった壁は熱帯を思わせる派手な色に塗られた。彼女は長年やっていなかった料理を少しするようになり、縫い物もはじめた。今でも成功した弁護士であることに変わりはないが、彼女の人生は丸みを帯びるようになった。以前より笑うことが多くなり、見かけのうえでもかわいらしくなった。「こんなことをしている自分が信じられないの！」。新しい冒険に乗り出した彼女はうれしそうに言う。そして、「こんなことなら、もっと早くいろいろなことに挑戦してみるんだったわ」と語る。

緩やかな探求心をもちつづけることによって、創造性を広げることができる。「できっこない」と言う代わりに「もしかしたら」と口にすると、神秘や魔法の扉が開くのだ。

こうした新しい肯定的な態度は、信頼のはじまりを表している。私たちは一見、逆境に見えるものの中に希望の兆しを見つけはじめているのだ。

ほとんどの人は、モーニング・ページをやると、以前よりも自分自身をやさしく扱うようになっていることに気づく。絶望感が薄れるため、自分自身や他人につらくあたらなくなるのだ。こうした思いやりこそ、創造主と同盟を結んで生まれる最初の果実である。

自分の内部のガイドを信頼し、愛するようになると、人と親密になることに対する恐怖が薄らいでいく。というのも、親密な人たちに、理想的なイメージを投影しなくなるからだ。つまり、私たちは偶像崇拝をやめることを学んでいるのだ。他人や場所や物を崇《あが》める代わりに、創造の源そのものに頼るようになれば、創造の源が人や場所や物を通して欲求を満たしてくれるのである。

こうした考えは、ほとんどの人にとってかなり信用しがたいものかもしれない。誰もが物事を引き起こすには外に出かけていって、何本かの木を揺すらなければならないと信じている。私も、木を揺するのがいけないことだと言うつもりはない。私はそれをフットワークと呼んでいるが、実際、必要なことだと思う。しかし、宇宙が直接、フットワークに報いてくれることはめったにない。リンゴの木を揺すると、なぜか宇宙はオレンジを与えてくれる。宇宙の報酬とはそういうものだ。

創造性を回復した人たちが、フットワークを通して自分の夢や喜びをしっかりと自覚し、夢に向かって一歩を踏み出すのを、折に触れて私は見てきた。それにこたえて、宇宙は思いもかけない扉を開く。創造性回復の大きな役割は、こうした宇宙の寛大さを受け入れる学習をすることにある。

善人の罠

アーティストは何もしないでいる時間をもたなければならない。こうした時間をもつ権利を守るには、勇気や信念、さらには切り替えの能力がいる。

ひとりで静かに過ごしていると、家族や友人には引きこもりと映り、心配の種となる。だが、アーティストにとって、引きこもりは必要である。創造のための孤独が確保されないと、私たちの中のアーティストはイライラして怒りをつのらせ、不機嫌になる。そのような状態が続けば、やがて意気消沈して憂うつになり、他人に敵意を抱くようになる。そして最終的には、追いつめられた獣のように、家族や友人に、「ほっといてくれ、できっこない要求を押しつけないでくれ」とどなるようになってしまう。

人間は、自分に不合理な要求をする存在である。自分を癒すゆとりを与えずに、創造的でありつづけることを要求するのだ。しかし、ひとりになる充電期間をもてないと、創造性は枯渇し、ゆくゆくは、不機嫌になるだけでは収まりがつかなくなる。「死の脅威」が出てくるのだ。

最初のうち、この「死の脅威」は親しい人たちに向けられる。自分をひとりにしてくれない友人や恋人、配偶者や子どもや家族に殺意を覚えるのだ。しかし、いくら警告を発しても、それが無視されつづけると、他人を殺したいという衝動が自殺願望に取って代わる。「お前を殺したい」が「もう、死んでしまいたい」になるのだ。

そうなると、喜びや満足の感情は消えうせ、何もかも無意味に思えてくる。とはいえ、簡単に命を断てたとえ創作を続けることがあっても、傷つき、自分の魂を食い物にして生きるようになる。つまり、アーティストとしての自分はないがしろにして、「いい人」の役割をたんたんとこなすことにいそしむのだ。

こうして善人の罠《わな》にとらえられる。

本来の自分を育もうとせず、一つのところに停滞することには、大きな代償が伴う。なのに多くのアーティストは、もし自分たちが、いま本当にしたいことや、ずっとやりたかったことをしたら、友人や家族、配偶者に何が起こるかわからないと気づかい、行動を差し控えているのだ。

忙しい会社で働いているある男性は、孤独に引きこもることを渇望し、実際に必要としているかもしれない。それならば、ひとりで休暇をとるのが一番である。ところが、彼はそれを利己的だと考え、実行に移せない。休暇は家族で過ごさなければ、妻が気分を害するだろうと思うのだ。

小さな子どもをもつある女性が、陶芸を習いたいと思ったとしよう。だが、レッスン日が息子のリトルリーグの練習日に重なっていたため、毎回出席できないだろうと考えた彼女は、結局、陶芸のクラスをキャンセルし、よき母親を演じる。そして、恨みをつのらせていく。

写真にまじめな興味を抱いている若い父親は、家の中に暗室を造りたいと思う。しかし、ちょっとした暗室を造るにも、貯金に手をつけ、新しいソファを買うのを先延ばしにしなければならない。ソファは家の中を豪華にしてくれるが、暗室はしてくれないので、家族を説得するのは容易ではない。

このように、創造性を回復する道の途上にいる多くの人たちは、善人を演じることによって自分自身を妨害するケースがひじょうに多い。だが、作り物の美徳には法外な代償が伴う。

ほとんどの人は、自分のやりたいことを断念することで、いい人間であろうとする。その結果、自らの創造性から離れてしまうが、「自分はいいことをしているのだ」という偽りの精神性を培っていく。これを私は善人の罠と呼んでいる。善人の罠は、自己否定の一つにすぎない。世間体を保ちたい、大人でありたいという衝動はアーティストをだめにし、終わらせることさえあるのだ。

誰でも、いい人だと思われたい、人の役に立つ人間でありたい、利他的な人間でありたい、と考える。また、寛大な心をもち、世の中に尽くしたいと願う。だが、心の底から本当に求めているのは、「放っておかれること」である。それが実現できないと、最後には自分自身を捨ててしまう。他人の目には、存在しているように見えるかもしれないし、自分でもそこにいるように振る舞うかもしれないが、私たちの本当の自己は地下に隠れてしまうのだ。

残っているのは本当の自己の抜け殻だけである。とどまっているのは、とらえられているからにすぎない。無理やり演技させられる、ものうげなサーカスのゾウのように芸をし、やるべきことをやり、みんなの拍手を浴びる。だが、当人はその歓声をまったく聞いていない。心を閉ざしてしまうのだ。そればかりか、「今、ここ」からチェック・アウトしてしまう。そうなると、人生は身体離脱体験となる。臨床家はそれを人格の分離と呼ぶかもしれないが、私は〝犯罪現場から立ち去る〟といっている。

「さあ、出ておいで」と甘い声で言っても、創造的な自己はもはや信じてくれない。なぜなら、ほかならぬ私たち自身がそれを売り渡したからだ。

人はみな、自分勝手だと思われたくないばかりに、自分を見失い、自己破壊的になる。この自己殺人は意識的ではなく、潜在的に進行するものなので、私たちはそれになかなか気づけない。自己破壊的という言葉の本当の意味は、自分の本性に対して破壊的だということだ。

善人の罠にとらわれている多くの人は、普通の人の目には自己破壊的にはまったく見えない。彼らはよき夫、妻、父親、母親、子ども、友人、恋人、教師になろうとして、見かけのよい、偽りの自己をつくりあげたのだ。偽りの自己はつねに忍耐強く、人の欲求や要求に合わせようとするため、自らの欲求の満足を先延ばしにする――「なんていい人なの！　フレッドったら、金曜日の晩、私の引っ越しを手伝うために、コンサートのチケットを無駄にしたんですって」。

本来の自分とは、子どものときあまり認めてもらえなかった自分であり、「わがままを言っちゃいけませんよ！」と繰り返し聞かされた自分である。本来の自分は、ときに無軌道で扱いにくい性格だが、健全であり、他人の欲求に振り回されず、自分の欲求を肯定する方法を知っている。

だが、善人の罠にとらわれた人たちは、いまだに本来の自分を受け入れることができない。世間から反感をかうのが怖くて、自己を前面に押し出せないのだ――「信じられるかい？　いつ、どんなときでも、俺を助けてくれていた、あんなにいいやつだったフレッドがさ、この前、引っ越しを手伝ってくれないかって頼んだら、コンサートに行くからだめだと言うんだ。いつから、あいつ、そんな教養人になったんだい？」。

フレッドは、善人であることをやめれば、みんなのすばらしいフレッドが死んでしまうことをよく知っている。姉の子どものベビーシッターを断りきれないメアリーも、そのことは承知しているのだが、どうしても「いい人の自分」を捨てきれないのだ。

あなたは自己破壊的だろうか？　これはなかなか答えにくい質問である。それに答えるにはまず、私たちが殺してしまった本来の自分について知る必要がある。

自分がどれだけ本来の自分から遠ざかっているか確かめる簡単な方法は、次のような自問をしてみることだ。もし、何をしても人から頭が変になったと思われたりしないとしたら、私は何をするだろう?

◎スカイ・ダイビング、スキューバ・ダイビング。
◎ベリー・ダンス、ラテン・ダンス。
◎自分の詩を出版する。
◎ドラムセットを買う。
◎フランスを自転車で旅行する。

たとえ常軌を逸しているように思えても、自分のリストがとても刺激的に見えるなら、それらは本心から出た声である可能性が強い。それさえわかれば、次に何をすべきか見えてくるだろう。

◎スキューバ・ダイビングのクラスに申し込む。
◎ダンス教室に通う。
◎公募雑誌を買い、応募する。
◎いとこが売ろうとしている中古のドラムセットを買う。
◎旅行代理店に電話をし、フランス旅行のツアーをチェックしてもらう。

〈善人の罠クイズ〉

次の質問は、あなたが自分のために生きているか、他人のために生きているかを推し量る試金石になる。

◎あなたの人生でもっとも欠けているのはなんですか？
◎あなたの人生でもっともうれしいことはなんですか？
◎あなたがもっとも時間をかけて打ち込んでいるのはなんですか？
◎仕事の心配をせずに遊ぶことができますか？
◎あなたはどんなときに罪の意識を感じますか？
◎あなたの心配事は？
◎もしあなたの夢が実現したら、家族はどうなると思いますか？
◎あなたが自分自身を妨害するとき、何を考えていますか？
◎好きなだけ怒ってもいいとしたら、どんなことに怒りを感じますか？
◎ときどき悲しくなる理由を一つあげてください。

禁じられた楽しみのリスト

創造性をせき止められたアーティストが好むごまかしの一つは、自分自身に「ノー」と言うことだ。

私たちは驚くほどさまざまな方法で、自分をいじめようとする。この話をワークショップですると、よく「そんなことないわ。私たち、自分自身を大切にしてるわ」と抗議の声があがる。そこで私は「禁じられた楽しみのリスト」を作ってみるようすすめる。

したいと思っているのに、自分にすることを禁じているものを十個あげてもらうのだ。たとえば……。

◎ダンスをしに行く。
◎スケッチブックを持ち歩く。
◎ローラースケートをする。
◎新しいカウボーイ・ブーツを買う。
◎髪を部分的に金色に染める。
◎休暇をとる。
◎旅に出る。
◎飛行のレッスンを受ける。
◎スペイン語を習う。
◎今より大きな家に引っ越す。
◎遊びの先頭に立つ。
◎静物画を習う。

しばしば、「禁じられた楽しみのリスト」を作るだけで、実行に移すのを妨げている障害がなくなることがある。書き終えたリストをよく見えるところに貼っておこう。

「願望のリスト」を作るのもいい。自分の中の検閲官を黙らせる最良の方法の一つは、何度も言ったとおりスピード・ライティングの手法を使うことだ。自分が今望んでいること、したいと思っていることをできるだけ素早く列挙してみよう。願望はあくまで願望なので、どんなささいなことでもいい。

［今週の課題］

以下に掲げるのは、創造の源との関係を探り、広げるエクササイズである。

①自分を支えてくれる神を、あなたが本当に信じられない理由はなんだろう？　理由を五つ書き出してみよう。

②イメージ・ファイルを作ろう。「もし経済的な余裕があれば、こんなことをしてみたい」という欲求を五つ書き出し、それと結びつくイメージを集めてみよう。雑誌の切り抜きでもいいし、自分で写真に撮ったり絵に描いたりしてもいい。場所と関係があるなら、その場所のイメージも集めてみよう。これらをまとめて夢のファイルを作る。その間に、欲求がもっと出てきたらつけ加えよう。

③もう一度、五つの想像の人生をあげてみよう。前とは変わっただろうか？　ほんの一部でも、実行するようになっているだろうか？　これらの人生にかかわるイメージをあなたのイメージ・ファイルに加えてもいいだろう。

④もしあなたが今、二十歳で、お金持ちだったら、何をしていただろう？　五つの冒険をあげて、その冒険のイメージをファイルにつけ加えよう。

⑤もしあなたが今、六十五歳で、お金持ちだったら、何をするだろう？　先送りにしてきた楽しみを五つあげ、そのイメージを集めよう。これは大変強力なツールである。私は現在、十年間イメージしていた家に住んでいる。

⑥あなたが自分自身につらくあたる十の方法をあげよう。肯定的なことを明らかにすると、それを人生に導き入れるきっかけになるように、否定的なことを明らかにすると、それを排除する足がかりになる。

⑦まだもっていないが、もちたいと思っている十個の品物をあげてみよう。ここでも、それらの品物にまつわるイメージを集めたくなるかもしれない。セールスの達人は、売り上げを伸ばすために、自分の目標を喚起するイメージを身近な場所に貼っておくよう、新米セールスマンに教えることがよくある。実際この方法は効果があるのだ。

⑧あなたの創造性を妨げているものを正直にあげてみよう。テレビ、読書のしすぎ、人づきあい、仕事、他人を救うこと、運動のしすぎ……。それらに夢中になっている自分を風刺する絵やマンガを描いてみよう。

⑨創造性をせき止めることで何を得ているだろうか？　これはモーニング・ページの中で探ってみるといいかもしれない。

⑩あなたの創造性を妨げる原因になっている人間をあげてみよう。これもモーニング・ページを利用するといいだろう。

［チェック・イン］

①今週は何日、モーニング・ページをしましたか？　モーニング・ページを書くことを好きになりはじめていますか？　それとも、まだ全然好きになれませんか？　即興で書いているうちに幸運な発見をする人がよくいますが、あなたもそういう体験をしましたか？

②今週、アーティスト・デートをしましたか？　あなたは何をし、どう感じましたか？　デートをしている間に、かねてからの疑問の答えを聞く体験をしましたか？　心からわくわくするアーティスト・デートをしたことがありますか？

③今週、なんらかのシンクロニシティを経験しましたか？　どんな体験ですか？　友人とシンクロニシティについて話し合ってみてください。

④今週、あなたの創造性の回復にとって重要だと思われることが、ほかにありましたか？

第6週 豊かさの感覚を取り戻す

今週は、創造性を阻むもっとも大きな障害、お金の問題を取り扱います。あなたはここで、神やお金、創造的な豊かさといったものについての、自分自身の考えを直視するよう求められます。この週は、あなたの心構えが現在の人生の豊かさや快適さをいかに狭めているかを探るものです。自分が何を欲しいのかを明確にし、正しく資産を活用するきわめて効果的なツールを紹介してありますので、これまでにもまして元気になるかもしれません。

大いなる創造主

「私は神を信じています。ただ、神がお金に関与していることを信じていないだけなんです」とナンシーはきっぱりと言う。彼女には自分の邪魔をする、本人も気づかない二つの思い込みがある。神は善であるからお金にはかかわれないという思い込み、お金は悪だと決めつける思い込みだ。創造性を取り戻すためには、多くの人が共通して抱いている、こうした神の観念を徹底的に洗い直してみる必要がある。

お金が安心の源だと信じ込まされて育つ大半の人々にとって、神に頼ることは向こうみずな自殺行為であり、滑稽《こっけい》ですらあると感じられる。私たちにまず必要なのは、住む家であり、身につける衣装であり、食料品である。クリエイティブな活動は、お金に余裕があるときにだけやればいい……。多くの人はそう考える。だが、それはいつのことなのだろう？

私たちは、好きなだけ使えるクレジットカードのような神を求める。「もっと」という誘惑の歌を聴き慣れているため、魂の中で「もう充分でしょう」とささやいている小さな声を聞きとれない。

いざとなれば神は、凍えてひもじい思いをしている人に食べ物や衣服を与えてくれるかもしれない。だが、絵を描く道具はどうだろう？　ヨーロッパの美術館めぐりやダンスのクラスは？　神はそんなもののためには現れない、と私たちは考え、自分の創造性から目をそらし、精神的な成長を避ける一つの手段として、お金の問題にこだわる。現代人が信仰しているのはお金なのだ。「養わなくちゃいけない家族がいるんだ。私が創造的になったら、誰が代わりに金を払ってくれるだろう」

ほとんどの人は、仕事は仕事であって遊びではいけないという暗黙の信念を抱いている。また、本当にやりたいこと、たとえば物を書くことや演じること、ダンスなどは、瑣末《さまつ》なことであり二の次にしなければならないと心のどこかで信じ込んでいる。だが、それは真実ではない。

私たちは、神と自らの意志とが反目し合っているという有害かつ古い観念にしばられている。「女優になりたいんだけど、神さまはそれを望んでいないわ。だから女優をめざしたりしたら、結局はウェイトレスとして働く羽目になるのよ」と考えるのだ。この考えは、神を何が適切かを知っている厳格な親とみなす考えに根ざしている。成長を妨げるこうした神の観念は、修正をほどこす必要がある。

今週はモーニング・ページの中で、あなたが信じている神と、あなたが信じたい神について書いてみよう。ある人々は、「もし神が女性であるなら」と考えているかもしれない。エネルギーとしての神を信じたがっている人もいるだろう。またある人々にとって神とは、最高の善へと私たちをつき動かす高次の力の集合体のようなものかもしれない。

もしあなたにとっての「神の観念」が子どものころから抱きつづけているものなら、有害な神とかかわっている可能性がある。有害でない神は、あなたの創造的な目標をどう考えるだろう？　そのような神は実際に存在するのだろうか？　もし存在するとしたら、お金や仕事や恋人を得ることが人生の目標でありつづけるだろうか？

私たちの多くは苦労を徳とみなし、創造的な活動を時間の浪費と考える。一生懸命仕事をすることはよいことだ。つらい仕事は、たしかに我慢強い道徳的な性格をつくりあげるかもしれない。それに比べ、気軽に絵を描く才能などは、深刻に受け止めるまでもない、ちゃちなトリックのようなものとみなされる。私たちは心の中で、アーティストのような生き方を神は退廃的とみなし、破産してしまえばいいと願っているはずだ、と思っている。本当に神がそう願っている証拠でもあるのだろうか？

神の創造を振り返ってみると、創造主自身が手を休める方法を知らなかったことがはっきりする。でなければ、数百種類ものピンクの花を作ったりしないだろう。繊細な雪の結晶、あれはまさに究極の創造のエクササイズだ。生き物はこの世に二つと同じものがないのだ。

アルコホリック・アノニマス（アルコール依存症者自主治療協会。略してＡＡ）の本は、回復しつつあるアルコール依存症者に、「新しい雇い主がいる」ことを保証する。「もし私たちが神の面倒をみてやれば、神は私たちの面倒をみてくれるでしょう」といった考えは、ボロボロになってAAに加入したばかりの人にとって、生命線となる。酒を断つ方法を必死に求めている人は、将来の人生に不安を抱くとき、そのような考えにしがみつく。彼らの場合は神に助けを求めることによって人生の混乱が収まり、人間関係のもつれがほどけて、スムーズになるのだ。

だが、さほど絶望的になっていない人にとって、そういった保証はばかばかしく、欺瞞《ぎまん》的にさえ感じられる。私たちを支え、助けてくれる神だって？　豊かさと威厳を兼ね備え、無限の可能性に通じる扉の鍵をもった神だって？　そうした神がペテン師に近いように思えたとしても不思議はない。

それゆえ、大切にしてきた夢とみじめな現在の仕事のどちらかを選ぶ岐路に立たされとき、私たちは夢を無視することを選び、その後に続くみじめさを神のせいにする。自分がヨーロッパに行かなかったこと、絵画のクラスをとらなかったこと、写真を続けなかったこと、それらがあたかも神の過ちだったように振る舞うのだ。しかし、実際には、ヨーロッパに行かないことを決めたのは神ではなく、自分なのだ。私たちは、宇宙が健全な浪費を支えてくれる懐の深さをもっていることに気づけず、神が常識を求めているかのように思い込み、常識的であろうとする。

しかし、常識を私たちに注ぎ込むのは、地上の父親、母親、教会、教師、友人であって、創造主では決してない。創造性は良識的ではないし、これまでも良識的であったためしはない。どうして創造性が良識的でなければならないのだろう？　どうしてあなたは良識的でなければならないのだろう？　自分を殺してするつらい仕事になんらかの徳があると、あなたはまだ考えているのだろうか？　そうではなく、もしアートを実践したいのなら、何かを作るのがいちばん手っ取り早い。数行の文章など、ちょっとした作品でいいのだ。ここに一つの単純な詩がある。

神は芸術を好む
それは両親が無視していること
神は芸術を好む
だから私は作品を作る
それこそ神が私にしてもらいたがっていることだから

創造的な人生は、太陽が照っている間に干し草を作ることからはじまる。「今」に入り込み、その日を楽しむことからはじまる。自分自身にささやかなもてなしと休息を与えることからはじまる。あなたの中のアーティストにささやかな贈り物をし、美を捧げたければ、「それはぜいたくだが、神もまたぜいたくだ」という態度で臨めばよい。しみったれなのは神ではなくあなたなのだ。神にもっと寛大になってもらいたいと思いさえすれば、神はあなたにもっと寛大になるだろう。

私たちが本当に望んでいるのは、生まれながらに自分がする定めになっていることをすることだ。そうすれば、お金は後からついてくる。次々に人生の扉が開かれ、自分が役に立っていると感じられる。そして仕事は遊びのように思える。

今週は、お金にまつわる観念に取り組んでみたい。お金についての固定観念――お金はなかなか得られない。お金を得るには長時間働かなければならない。まずお金の心配をし、創造性についてはそれから考えればいい――が、いかに創造性についての見方を左右するかを見ていこう。

気ままというぜいたく

創造的に行き詰まっている人、創造的でありたいと願いながら、その渇望を満たすことを拒み、欠乏感だけがふくれ上がっている人にとって、本物のささやかなぜいたくは、創造性の回復に大きな効果を発揮する。ここで重要なのは「本物」ということ。アートは余裕や、充分に与えられているという信念のもとに生み出されるものなので、豊かさの感覚を求めて気ままに振る舞うことが大切である。

だが、どうやって気ままに振る舞えばいいのだろう？　それは一人ひとり異なる。人生が可能性に満ちているとジーンに教えてくれたのは、ナイトテーブルに飾られた一輪の雛菊《ひなぎく》だった。マシューの場合は、本物の家具の塗料の香りが、安全性や堅実さ、さらには秩序の感覚をもたらしてくれた。コンスタンスは雑誌の定期購読にぜいたくを見いだした（これはたったの二十ドルで一年間、ぜいたくを味わえるささやかな自分自身への贈り物だ）。

私たちは行き詰まると、すぐにそれをお金がないせいにしたがる。だが、お金がないことは決して本当の障害ではない。実際に障害となっているのは、自分自身の圧迫感や無力感なのだ。アートは選択する力をもつよう要求する。それはもっとも基本的なレベルで、「自分を大切にする」と選択することである。

私の友人の一人に、驚くべき才能をもった世界的に有名なアーティストがいる。若いアーティストたちの憧れの的であり、ベテランのアーティストたちにも尊敬されている彼は、まだ五十歳にならないにもかかわらず、生涯の業績をたたえる数々の賞にすでに選ばれ、歴史に名をとどめることを保証されている。にもかかわらず、彼は創造的な行き詰まりに苦しんでいる。作品を作りつづけてはいるが、自分自身に支払う代償がしだいに大きくなり、最近では、自分がなぜこんなにも一生懸命なのか、疑問を感じることが少なくない。自分自身にぜいたくを許してこなかったからそう感じるのだ。

ここで話しているぜいたくとは、豪華な家からの眺めやブランド物の服、ピカピカのスポーツカー、ファーストクラスでの旅行といったものと関係がないことをはっきりさせておきたい。彼はその手の特権をすべて楽しんでいるが、楽しんでいないのは人生である。彼は自分に時間のぜいたくを許さなかった。友人と過ごす時間、家族との団欒《だんらん》の時間、そしてなによりも仕事以外の暇な時間を決して自分に与えなかった。以前、彼が抱いていた多くの情熱は、単なる関心に変わってしまった。彼はあまりに忙しすぎて、過去を楽しむことができない。自分に時間がないと言い聞かせ、刻一刻と刻む時間を有名になるために費やしているのだ。

最近、私は十年ぶりで馬を買ったが、彼はあまりいい顔をしなかった。乗馬などにうつつをぬかしている年ではないだろう、と思っているのだ。私は憂うつになった。どんな有名なアーティストでも、創造的な楽しみをだいなしにする「働かなければならない」という強迫観念に苦しめられがちだと思い知らされたからだ。

アーティストとして、あるいは人間として成功するには、宇宙の流れに身を任せることができなければならない。人生のささやかな贈り物を拒絶して、自分の「楽しむ能力」に歯止めをかけると、大きな贈り物もしりぞけることになる。私の友人のように、[illegible]創造的な仕事に携わっている人間は、行き詰まりを覚えると無理やりイメージをひねり出[illegible]過去の作品を焼き直してみたり、アートの枠を広げるのではなく技巧に走ったりする。仕事の流れを完全に遮断してしまった人は、ただ無意味なことを積み重ねて、満たされない不毛な人生を送っている気持ちになる。

私たちに本当の楽しみを与えてくれるものはなんだろう？　それこそ、ぜいたくとは何かという疑問である。人それぞれ、答えは異なるだろう。ベレニスにとって、それは新鮮なラズベリーだった。彼女は自分がささいなことで楽しめる人間だと言って笑う。彼女は一瓶のラズベリー代で、豊かさの感覚を買っているのだ。シリアルにまぶしたり、梨《なし》のスライスと混ぜたり、アイスクリームにかけたりして楽しんでいる。彼女は豊かさをスーパーマーケットで買うことができる。そして必要とあらば、冷凍しておくこともできるのだ。

「シーズンによって違うけれど、二ドルから五ドルぐらいで買えるんです。高すぎるかも、といつも思います。だけど、じつは、それは一週間のぜいたくを楽しめる特価品なんです。映画より安いですよ。デラックスチーズバーガーよりもね。私にはもったいないくらい」

アランにとって、偉大なぜいたくは音楽である。若いときミュージシャンだった彼は、長い間、演奏する権利を否定してきた。創造性を阻止された多くのアーティストと同じように、彼は創造意欲の減退と自《うぬ》惚《ぼ》れからくる完璧主義、二つの典型的な弊害に苦しめられてきた。この演奏家に、ほどほどということは存在しなかった。彼はトップでありたい、トップになれないのなら、愛する音楽と縁を切りたいと思った。

行き詰まりと妨害に苦しむアランは、自分の障害をこう説明する。「試しに演奏してみるんですが、私の技術は理想とはほど遠いので、嫌気がさして、やめてしまうんです」

創造的な気持ちを取り戻そうと思った彼は、一週間に一枚、新しいCDを買うぜいたくを自分に許した。音楽を仕事にすることをやめて、ふたたび楽しみにしはじめた彼は、高尚な音楽ではなく風変わりなものを買うようになった。そしてトップになりたいという志を忘れた。

自分にとってどんな音楽が楽しみに思えるのか、アランは探求をはじめた。ゴスペルやカントリーミュージック、ウエスタン、インディアンのドラム音楽などのレコードを買いあさった。一か月後、楽器店で練習用のドラムのスティックを衝動買いし、しばらく寝かせておいた。

三か月後、アランはヘッドフォンステレオから流れ出すロックに合わせて、運動用の固定自転車のハンドルをたたいた。その二か月後、屋根裏部屋を整理し、中古のドラムセットを手に入れた。

「妻と娘がびっくりするんじゃないかと思いました」と彼は語る。「本当のところ、自分でも驚いたんです。だけど今は、楽しんでいます。自分を少し大目に見るようにしているんです。年のわりには、勘が戻ってきたぞと自分に言い聞かせたりしてね」

ローラにとって、ぜいたくへの第一歩は、安売り店で買った水彩絵の具一式だった。キャシーにとっては、本式のクレヨン・セットだった。「こんなデラックスなものは、子どものころ母に買ってもらえなかったんです。買ったその日の晩、二枚、絵を描きました。その一枚は、これから送ろうとしている新しい人生の自分をスケッチしたものです」

しかし、創造性を阻まれている多くの人にとって、ぜいたくをしている自分自身を想像することさえ難しい。じつは、ぜいたくは学習されるものだ。と[illegible]に行き詰まっている人は、自分を犠牲にして他人にばかり気をつかっている場合が多い。

ぜいたくを自分に許すには、いつも他人を優先する姿勢を改め、自分にとって何がぜいたくに感じられるか認識し、受け入れなければならない。そのようにして、自分が求めているものを受け入れていけば、幸運の流れがひとりでについてくるかもしれない。

創造的な生活はなによりもまず、時間のぜいたくを要求する。私たちはそれを自分でつくり出さなければならない。別にかまえることはない。モーニング・ページに十五分の時間を確保する。仕事の後に十分間のバスタイムを設ける。そんな小さいことでいいのだ。

創造的な生活はまた、空間のぜいたくも要求する。特別な本棚をもったり、窓枠を自分専用の棚にするといったことだけでもいい。私の書斎には、ペーパーウエイトや貝殻を飾ってある窓枠がある。あなたの中のアーティストは、まだ若いことを思い出してもらいたい。若者は自分の椅子、自分の本、自分の枕《まくら》など「自分のもの」を好む。

自分専用のティーカップやグラスをもつのも気持ちがいいものだ。骨董屋《こっとう》では、午後のお茶のひと時を創造的に演出してくれる、一点しかない陶器が売られている。

創造性を回復する道の途中で私たちがする多くのことは、ばかばかしく思えるかもしれない。だが、「ばかばかしい」という言葉は、しらけた大人が私たちの中のアーティスト・チャイルドを黙らせるために使う防衛である。あなたが自分自身に投げかける「ばかばかしい」という言葉に注意してもらいたい。そのとおり、アーティスト・デートはばかばかしい。それがポイントなのだ。

創造性は逆説の中に潜んでいる。真剣なアートは真剣な遊びから生まれる。

お小遣い帳・エクササイズ

ポケットに入る小さな手帳を買い、使ったお金をもれなく記入してほしい。何に使ったかは問題ではない。どんなにささいな買い物でもかまわない。小額のお金でもお金であることには変わりがないのだ。毎日、手帳とにらめっこして、お金を数えてもらいたい。何を買ったのか、何にお金を費やしたのか、お金がどこに消えたのか。食料品を買うのに消えたのか、それともレストランでの昼食、電車賃、兄弟に貸すといったものに消えたのかを、克明に記録するのだ。どうか細かいことにこだわってもらいたい。徹底的に記載もれのないようにするだけで、判断は下さないようにしよう。これは自己観察のエクササイズであって、自分をむち打つためのエクササイズではないのだから。

あなたはこのエクササイズを一か月丸々か、それ以上続けたくなるかもしれない。すると、消費という観点から、あなたがどんなものに価値をおいているかを教えてくれるだろう。往々にして、お金を費やすものと、価値をおいているものとは異なっている。私たちは大事に思っていないものにお金を無駄に使い、それを認めようとしない。お金を数えることは、創造性を培うぜいたくを学ぶのに必要な準備となる。

〈お金の狂気〉

あなたのお金についての考えを調べるために、文書を完成させてみよう。

◎お金をもった人々は……………。

◎お金は人間を……。

◎もし……なら、私はもっとお金をもてるだろう。

◎父は、お金を……と考えた。

◎母は、つねづね、お金を……だと思っていた。

◎私の家族内では、お金は……を引き起こした。

◎お金は……に等しい。

◎もし私がお金をもっていたら、……。

◎もし私がお金を使うのを許されるなら、……。

◎もしお金をもっていたら、……となるのが怖い。

◎お金は……である。

◎お金は……を引き起こす。

◎お金をもつことは……ではない。

◎もっとお金をもつためには、……が必要だ。

◎お金をもっているとき、ふつう、私は……。

◎私は、お金が……だと思う。

◎もし私がケチでなかったら、……。

◎人々はお金を……と考えている。

◎破産が私に告げるのは……。

［今週の課題］

①自然の豊かさを味わう。かわいい石やおもしろい石を五つ見つけてもいい。私はこのエクサイズがとくにお気に入りだ。というのも、石はポケットに入り、ミーティング中でもいじっていられる。小さな石が、私たちの創造意欲をかきたてるものになりうるのだ。

②さらに自然の豊かさを味わおう。五本の花を摘むか、落ち葉を五枚拾う。ロウを塗った紙の間にそれらをはさみ、本のしおりにしてもいい。もっとも創造的な遊びのいくつかは幼稚園にある。それをもう一度やってみてもらいたい。

③かたづけ、その１――すり切れた服を処分する。

④創造しよう。パンやケーキを焼いてみる。ダイエット中なら、フルーツサラダを作る。創造性は、つねにAクラスの作品を作らなければならないわけではない。しばしば、料理といった単純なことが、他の何かを生み出す助けになる。物書きとして行き詰まったとき、私はスープとパイを作るようにしている。

⑤コミュニケーションしよう。五人の友人にはがきを送る。これは友人の好き嫌いを決めるエクササイズではない。近況を聞きたい人に、はがきを出そう。

⑥創造性の基本的原理をあらためて読み返す。一日一回、読むことにする。アーティストの祈りも一日一回読む。

⑦かたづけ、その２――家庭環境の中になんらかの新しい変化があるだろうか？　なかったら、自分で変化を生み出そう。

⑧受け入れてみよう。人生に新しい流れはあるだろうか？　無料でもらえるものを受け入れる訓練をしてみよう。

⑨経済状態やその見通しについての新しい変化があるだろうか？　あなたがしたいと思っていることについて新しい、普通ではない考えがあるか？　それに関連するイメージを引き出し、あなたのイメージ・ファイルにつけ加えよう。

［チェック・イン］

①今週は何日、モーニング・ページをしましたか？　自分にとって、何がぜいたくかを考えるためにそれらをすでに活用しましたか？　それはどのような感じでしたか？

②今週、アーティスト・デートをしましたか？　二度することを考えましたか？　あなたは何をし、どう感じましたか？

③今週は、なんらかのシンクロニシティを体験しましたか？　どんな体験ですか？

④今週、あなたの創造性の回復にとって重要だと思われることが、ほかにありましたか？

第7週 つながりの感覚を取り戻す

今週は創作にあたる場合の正しい心構えに注目します。ここでは積極的に行動する技術だけではなく、受容する技術も強調されます。これから紹介するエピソード、エクササイズ、課題などは、自分のひそかな夢とつながることで、本当に興味を抱いているものは何かを発掘する方法です。

聞くことの大切さ

聞く能力は、モーニング・ページを書いているときも、アーティスト・デートをやっているときも、私たちが磨こうとしている技術である。モーニング・ページは、自分の中の検閲官の言うことを聞き流す訓練になる。一方、アーティスト・デートは、インスピレーションを拾いあげる助けになる。これらの活動はいずれも見かけのうえでは、実際の創作活動と無縁に見えるが、創造のプロセスにとって欠くことのできないものだ。

私たちは何かをひねり出すことがアートだと考えるが、じつはそうではない。逆に、すでにあるものに触れ、それを原稿用紙や大理石といった素材に「降ろす」のがアートという行為なのだ。このことはアートについて考える場合、きわめて重要な意味をもっている。

何かをひねり出そうとするとき、私たちは自分の手の届かないところにあるものに手を伸ばそうと懸命になっている。一方、何かを「降ろそう」とするときには、努力も緊張もしない。私たちは何かをするのではなく、受け取るのだ。実際に手を下しているのは自分以外の人や物である。そんなとき、私たちは聞くことに専念する。

俳優は瞬間に入り込むと、次に何をすべきか、「聞く」ことに没頭する。画家が絵を描くときには、一つのプランをもってはじめるかもしれないが、それはすぐにその絵自体がもっているプランに取って代られる。「絵筆が次の一筆を決める」とよく言われるのは、これを表している。ダンスや作曲、彫刻においても事情は同じである。私たちは自分の表現するものの創造者というよりは導き手なのだ。

アートとは、心の中の創造の源にチューニングを合わせ、そこで聞いたものを「降ろす」行為である。あたかも、世界中のあらゆる物語、絵画、音楽、パフォーマンスが意識の表面下に生きているかのようだ。それらは地下水のように、私たちを貫いて流れており、心の奥に降りていくことによって、触れることができる。アーティストである私たちの役割は、その創造の泉をわき出させることだ。それは、想像したものを作るというより、どこからか降りてくる声を聞くことに似ている。

私の友人の一人に、優秀な映画監督がいる。彼は凝ったプランを練ることで有名なのだが、それでもしばしば、仕事中にインスピレーションを受けて、すばらしいショットをとる。

こうした明確なインスピレーションの瞬間、私たちは信じてその中に入っていかなくてはならない。モーニング・ページやアーティスト・デートは、無心で瞬間に入り込む訓練になる。この訓練はまた、直感的な言葉を正確に聞く能力を養ってくれる。ほとんどの作家は、詩や文章がインスピレーションによって生まれる瞬間を知っている。私たちはそれを小さな奇跡と考えるが、実際には、それが創造の原点だということに気づいていない。私たちは自分の作品の著者というよりも媒介者なのだ。

ミケランジェロは、大理石のかたまりの中にダビデを見いだし、解放したと述べたと伝えられている。「絵画は独自の生命をもっています。私の仕事はそれを引き出すことなのです」とジャクソン・ポロックは語った。脚本の書き方を教えるとき、私は生徒たちに、彼らの映画がすでに完全な形で存在していることを思い出させる。それを聞き、心の目で見、書き起こすことが彼らの役目なのだ。

すべての芸術に同じことがいえるかもしれない。もし絵画や彫刻が私たちを待っているとするなら、ソナタも、本や劇や詩も、私たちを待っているだろう。私たちの仕事はただそれを書き起こすことだけである。そのために私たちは創造の源にコンタクトするのだ。

インスピレーションの流れを、いつも放送されているあらゆる種類の電波として思い描くとイメージしやすいと語る人もいる。私たちは訓練を積むことによって、好みの周波数にチューニングを合わせ、自分のアーティスト・チャイルドの声を親のように聞き分ける方法を学ぶのだ。

創造することが自然であることをいったん受け入れると、創造主が必要なものをすべてさずけてくれるという考えに抵抗を覚えなくなる。このような協力者の助けを進んで受け入れられるようになると、力強い助けが人生の至るところに転がっていることが見えてくる。注意してまわりを見てみよう。あなたの人生に絶妙な調和をもたらす出来事が、シンクロニシティの形をとって、絶えず起こっているはずだ。

いったん創造の流れに身を任せれば、あなたは自分に必要な対話を聞き、その場面に適切な歌を見いだし、心に思い描いていたとおりの絵の具を手に入れるだろう。現在のあなたに必要な本やセミナー、素材なども見つかるだろう。

創造することは決して自然にそむく行為でも、わがままな行為でもない。宇宙は創造を歓迎し、手を貸そうと待っている。そう信じて創作に打ち込めば、きっとさまざまな助けが得られるのだ。

完璧主義では前進できない

ティリー・オルセンは、創作者が完璧主義を貫こうとすることを、「鋭利なナイフを振り回す」ような危険なこととみなした。私たちは、作品を「きちんと仕上げる」「修正する」「一定の水準までもっていく」といった言い方をよくするが、完璧主義はそれとは関係ない。

完璧主義とは、自分を前進させることのへ拒絶なのだ。堂々めぐりの環状道路のように閉じられており、エネルギーを脅迫的に消耗させる。完璧主義にとらわれた人は、過ちを恐れるあまり作品の細部にこだわり、全体を見失う。こうして自分の独創性を、おもしろみのない不自然な画一性に変えてしまうのだ。

「間違いを恐れてはいけない。間違いなどないのだ」とマイルス・デイビスは語った。

完璧主義者は詩の一行一行を何度も書き換え、しまいに全部書き換えずにはいられなくなる。紙が破れるまで、肖像画のあごの線を描き直す画家。第一幕のプロットを何通りも書き、決して先に進めない脚本家。こんな人たちも完璧主義に侵されている。完璧主義者は聴衆や読み手のほうを見て、書いたり、描いたり、創作したりする。それゆえ、プロセスを楽しもうとせず、絶えず結果を気にしている。

完璧主義者は論理脳と結婚してしまったのだ。完璧主義者の家庭に君臨するのは批評家である。見事に書かれた散文の一節は、あら探しの名人に批評される。「ウーム、この字のつづりは何？」

完璧主義者にとって、最初の草案、とりあえずのラフスケッチ、準備体操などは存在しない。すべての草案は最終的なもので、パーフェクトに仕上げられていなければならない。創作の途中でも、完璧主義者はいちいち全部見直して概略を思い描き、その先どうなるかを見極めようとする。

その先どうなるかなど、誰が知ろう？

完璧主義者は決して満たされることがない。「これでよし。このまま続けよう」とは絶対に言わない。完璧主義者の目から見ると、改善の余地なしということはありえない。彼らはそれを謙遜《けんそん》と呼ぶが、実際には、利己主義にほかならない。完璧な原稿や絵を求め、完璧なひとり芝居を演じさせたくなるのは自惚れである。完璧主義はベストを尽くすこととは異なる。私たちの中には、自分のしていることが充分ではなく、もう一度やってみるべきだとつねにささやく部分がある。完璧主義はそのような迷いを徹底的につきつめるのだ。

しかし、そんなことをして、いったい、どこに行き着けるというのだろう。

「絵画は決して終わらない。それは興味深いところで止まるだけだ」とポール・ガードナーは語った。本は決して終わらない。ある時点で、あなたは書くのをやめ、次のことに移っていくだけだ。映画は完璧に終わるということはない。ある時点で、あなたはそれを手放し、終わったと言うのだ。手放す……それが普通の創造のやり方である。真の創造性に触れているとき、私たちはつねに最善を尽くしているのだ。

リスクを引き受ける

質問：もし完璧にやる必要がなかったら、何をすればいいんでしょう？
答え：自分の壁を超えることです。

探求のない人生は生きるに値しない、という言葉を誰でも聞いたことがあるだろう。創造性の回復がうまくいくかどうかは、考えてばかりいないで行動に移せるかどうかにかかっている。行動しはじめると、私たちはただちにリスクに直面する。たいていの人は、自分をさらけ出すことのつらさを知っており、リスクを巧みに避けようとする。

私たちははじめての演技、最初の出来の悪い短編、最初のひどい絵といったものを念頭に浮かべ、「ばかみたいに見えるのではないか」と恐れる。達人をずらりと並べ、自分の赤ん坊のステップを、彼らの完璧なわざと比較するのだ。映像コースの生徒たちの映画を、ジョージ・ルーカスの生徒の映画と比べようとせず、『スター・ウォーズ』と比べようとする。

何かをうまくやれるようになるには、最初は下手でも、進んでやってみなければならない。ところが、私たちはそうできない。「他人に見られてもこれなら恥ずかしくない」という境界線を引き、そこから出ようとしないのだ。たとえ息苦しくて退屈な生き方だと感じてもそれを捨てきれないのは、境界線の内側にいれば、安全だと感じるからだ。そのような安全性は代償が高くつく幻想である。

リスクを負うには、自分で自分に押しつけている限界をきっぱり捨てなければならない。「私にはできません。なぜなら……」という状態を突破しなければならない。なぜなら、私は年を取りすぎていますから、お金がなさすぎますから、あまりに恥ずかしくて、自惚れていると思われるといやですから、といった言い訳は、単なる自己防衛であることが多い。あるいは、臆病ゆえに、そうした言い訳に終始している場合もある。ふつう「自分にはできない」というとき、私たちはじつは、「完璧にできるという保証がないかぎり、やりたくない」と言っているのである。

活躍しているアーティストは、こういった態度の愚かさを知っている。監督仲間でよく交わされる冗談がある。「俺はいつも映画をどう撮るべきか、百パーセント正確に知ってるんだ。その映画を監督し終わったあとにね」

創造性を阻まれているアーティストは、無謀にも自分が成功することを期待し、他人からその成功を認められたいと思う。この暗黙の欲求をもっているかぎり、多くのことが私たちの手からすり抜けていく。たとえば、成功に執着する俳優は、自分の枠組みを超える役に挑戦せず、はまり役ばかりをやろうとする。歌手は無難な歌しか歌わず、作曲家はお決まりのヒット曲を繰り返そうとする。このようにして、はためには才能が阻まれていないように見えるアーティストたちも、内側では行き詰まりを感じ、より満足のいく新しい創作ジャンルに入っていくリスクを冒すことができない。

だが、やる価値があるものは下手でもやる価値がある、ということを受け入れてしまえば、選択の幅が広がる。完璧にやる必要がないなら、こんなことをやってみたい、というもののリストを掲げてみよう。

スタンダップ・コメディ、モダンダンス、急流いかだ下り、アーチェリー、ドイツ語のレッスン、人物画、水彩画、フィギュア・スケート、髪をプラチナ・ブロンドに染める、人形劇、空中ブランコ、水上バレエ、ポロ、赤い口紅をつける、服作りを習う、短編小説を書く、大勢の人の前で自作の詩を朗読する、南国での休暇、ビデオ撮影……。

『レイジング・ブル』という映画の中で、ボクサー、ジェイク・ラモッタのマネージャーを務める彼の弟が、減量してでも未知の敵と戦わなければならない理由をラモッタに説明するくだりがある。大げさな口上を言って、ラモッタを困らせたあと、彼はこう結論する。「だから、やるんだ。もしお前が勝てば、勝つ。たとえ負けても、お前は勝つ」

リスクを負うということは、つねにそういうことなのだ。

なんなら、リスクを負うこと自体に価値があると言い換えてもいい。リスクを恐れずに未知のものに立ち向かっていけば、全身に力がみなぎり、新たな挑戦に立ち向かう勇気がわいてくる。そうやって自分の枠を広げていくことが、創造の舞台を広げる原動力になるのだ。

もし完璧にやる必要がなかったら、あなたは何をしたいだろう？

嫉妬は本心を隠す仮面

嫉妬は人間の正常な感情だという話を何度も聞いたことがある。それを聞くたびに、「たぶんそれはあなたの嫉妬ね。私のじゃないわ」とつい思ってしまう。

私の嫉妬は頭の中でわめき、胸を締めつけ、胃をキリキリさせる。私はずっと嫉妬を自分の最大の弱みとみなしてきた。へこたれない友人とみなすようになったのは、つい最近のことにすぎない。嫉妬もまた一つの地図である。私たちのもっている嫉妬の地図は、人それぞれ異なる。自分がとんでもない嫉妬心を抱いていることに気づいて、驚いた人もいるだろう。

たとえば私は、女性の小説家の成功に腸《はらわた》の煮えくり返る思いをしたことはないが、女性の脚本家の運不運には異常な関心をもっている。自分で最初の劇作を書くまで、私は彼女たちのもっとも手厳しい批評家だった。

自分で作品を書くようになると、私の嫉妬は消滅し、仲間意識に取って代わった。私の嫉妬は、本当はやりたいのに一歩を踏み出す勇気がなく、でもやってみようとするときに感じる恐怖を、覆い隠すための仮面だったのだ。

嫉妬はつねに恐怖を覆い隠す仮面である。自分が欲するものを手に入れられないのではという恐れ、自分に合っていると思いながら怖くて手を伸ばせないものを、他人がやすやすと手に入れていることへのいらだち。そういった感情を覆い隠す仮面なのだ。

私たちの嫉妬の根本には、しみったれの感情が横たわっている。それは宇宙の豊かさや多様性を受けつけない。嫉妬にとらわれると、憧れの詩人や画家になれるのは、嫉妬相手のその人物しかいないと思い込んでしまうのだ。

しかし、夢に向かって踏み出せば、誰もに詩人や画家になれる芽があることが明らかになる。ところが、嫉妬は視野を狭めてしまう病だ。物事を一定の距離をおいてみる能力を狭め、他の選択の余地を奪ってしまう。嫉妬が私たちに告げる最大の嘘は、「嫉妬する以外方法がない」というものである。行動こそ自由への鍵を握っているにもかかわらず、嫉妬は、私たちの行動する意思を奪ってしまうのだ。

嫉妬の図・エクササイズ

あなたの嫉妬の図は、三つの段からなっている。最初の段に、あなたが嫉妬を抱いている人の名前を書き込もう。それぞれの名前の下には、その理由を書き入れる。できるだけ具体的に、正確に書いてもらいたい。三番目の段には、あえてリスクを冒してでも、嫉妬から抜け出すために、あなたがとれる行動をリスト・アップしてみよう。嫉妬にかみつかれたら、蛇にかみつかれたときと同じように、応急処置が必要となる。あなたの嫉妬の図を実際に書き出してみるのだ。

どんな大きな変化も小さな変化からはじまる。緑は嫉妬の色だが希望の色でもある。嫉妬の猛烈なエネルギーを自分自身のために活用する術を学べば、嫉妬は実りある未来へと向かう燃料の一部になるだろう。

嫉妬の相手	嫉妬している理由	対応策
妹のリビー	いい仕事場をもっている	空いている部屋を修復する
友人のエド	おもしろい犯罪小説を書いた	自分でも小説を書いてみる
アン・セクストン	有名な詩人である	書きためていた詩を出版する

考古学・エクササイズ

次に掲げるのは、自分自身の過去を掘り下げる発掘調査である。それぞれの項目に対して思い浮かぶことを書き出してみよう。それらの回答はあなたが過去に失ったものを明らかにするとともに、あなたの中のアーティスト・チャイルドを慰め、励ましてやるために、今、何ができるかを教えてくれるだろう。

◎子どものときに逃したチャンス。
◎子どものときに欠けていたもの。
◎子どものときに使っておけばよかったもの。
◎子どものときに夢見たこと。
◎子どものときに欲しかったもの。
◎家庭の中に不足していたもの。
◎子どものときにもっと必要だと思ったもの。
◎二度と会えなくて残念に思う人物。
◎長年、懐かしく思っている人物。
◎失ってから自分を責めたもの。

不足しているものだけではなく、現在、あなたがもっているものを知っておくことも大切である。現在のあなたの人生の在庫品を調べてみよう。

◎信頼できる友人。
◎自分の街で好きなところ。
◎自分がもっていてすばらしいと思えるもの。
◎モーニング・ページが教えてくれたこと。
◎自分が大きな関心を抱いているもの。
◎自分がもっとうまくなると信じているもの。
◎自分の中のアーティストが注目しはじめているもの。
◎自分を大切にする方法。
◎このごろ感じていること。
◎自分の創造性。

［今週の課題］

①「自分を貴重品のように扱えば、自分は強くなる」。そう絵の具かクレヨンで好きなように書き、日々、目に入るところに貼っておこう。この言葉はおまじないになる。私たちは自分につらくあたることが自分を鍛えると考えがちだが、私たちが強くなるためには、自分自身を大切にすることが肝心なのだ。

②ただ楽しむために、CDをゆっくり聴くゆとりを自分に与えよう。聴きながら落書きしたくなったら、浮かんでくる形、感情、思考を書き出してみよう。たったの二十分、こんな時間をもつだけで、

気分がせいせいするだろう。短時間のアーティスト・デートは、ストレスを和らげ、直感を得る効果がある。

③教会、礼拝堂、図書館、森といった聖なる場所に赴き、沈黙や心を癒す孤独を味わってみよう。どこを聖なる場所とみなすかは、人それぞれだろう。私にとっては、大きな時計店や水槽用具の販売店が永遠の驚異の感覚を生み出す場所になっている。自分で聖なる場所を探してみよう。

④家の中で、スープやお香、モミの枝、ロウソクなどを使って素敵な香りを生み出してみよう。

⑤特別ではない日に、お気に入りの服を着てみよう。

⑥素敵な靴下や手袋（自分をほっとさせてくれる何か）を自分にプレゼントしよう。

⑦自由に切り取っていい雑誌を少なくとも十冊用意する。二十分という制限時間を決めて、あなたの人生や興味を映し出すイメージを雑誌から切り取って集める。このコラージュはイメージによる自叙伝の一つだ。あなたの過去、現在、未来だけではなく、夢も含めよう。ただ好きなイメージを集めればいいのだ。充分にイメージがたまるまで、少なくとも二十集めたら、新聞紙に好きなように並べ、貼りつけてみよう。

⑧気に入った映画を五つ、パッパッと素早くあげてみよう。共通性はあるだろうか？　恋愛もの、冒険もの、時代もの、政治ドラマ、ホームドラマ、スリラー？　コラージュの中に、映画のテーマと重なるものがあるだろうか？

⑨あなたの好きな話題をあげよう。映画、超能力、物理学、乞食《こじき》から大金持ちになる話、裏切り、三角関係、科学的な発見、スポーツ……これらの話題はコラージュの中に含まれているだろうか？

⑩コラージュに名誉の場所を与えよう。秘密の場所でもいいし、クロゼットや引き出しなどどこでもいい。数か月おきに新しいコラージュを作りたくなるかもしれない。あるいは、あなたが実現しようとしている夢をもっと徹底的にコラージュしてみたくなるかもしれない。

〔チェック・イン〕

①今週は何日、モーニング・ページをしましたか？　創造性を伸ばすためにリスクを負ってみようと考えましたか？　あなたは子どものときのような純粋な愛でアーティスト・チャイルドをやさしく扱っていますか？

②今週はアーティスト・デートをしましたか？　アーティスト・デートをなんらかのリスクを負うために活用したでしょうか？　何をし、どう感じましたか？

③今週、なんらかのシンクロニシティを体験しましたか？　どんな体験ですか？

④今週、あなたの創造性の回復にとって、重要だと思われることが、ほかにありましたか？

第8週 芯の強さを取り戻す

今週は、これもまた、よく創造性の障害となる時間に取り組みます。創造のリスクから逃げるために、あなたがどのように時間の感覚を使ってきたかを探求していきます。現在の生活の中で役に立つ変化を、すぐに引き起こすことができるでしょう。創造性が満たされない状態であなたを妥協させてきた、子どものとき以来の条件づけも見ていきます。

喪失を乗り越えて生きる

アーティストが直面するもっとも困難な仕事の一つは、さまざまな喪失を乗り越えて生き抜いていくことである。希望の喪失、面目の喪失、お金の喪失、自信の喪失……。あらゆる種類の喪失を乗り越えて、生きる術を身につける必要がある。創造的な生活の中で、私たちは多くのものを得るが、一方で、さまざまな喪失に否応《いやおう》なく苦しめられる。それらは道の警告灯であり、さまざまな意味で、標識でもある。創作活動に伴う喪失は、利益や力に変えることができる。しかし、ひとり頭の中で悩んでいるだけではだめだ。心のケアの専門家たちが指摘しているように、喪失の苦しみを乗り越えるには、それを受け入れ、分かち合わなければならない。アーティストが体験する喪失は公表されることも、嘆き悲しまれることもないので、創造性の発達を阻む傷になりやすい。分かち合いによって癒すには、あまりにも痛ましく、愚かで、屈辱的だと思えるため、それらは放置され、やがて無意識の中にしまい込まれるのだ。

創作したものが私たちの脳の子どもだとすれば、喪失は流産である。この世に生まれそこなった子どもの喪失に、女性たちは、ひとりでさんざん苦しむ。同じようにアーティストは、本が売れなかったり、映画が評判にならなかったり、絵画が賞からもれたり、最高の出来の陶器が壊れたり、詩が受け入れられなかったり、足首のケガで一シーズン踊れなかったりするとき、ひどい喪失感に苦しめられる。

私たちの内なるアーティストはまだ子どもであり、感情を上手に扱いきれないことを覚えておく必要がある。なんらかの喪失に見舞われたら、そのことをオープンにし、喪にふくさなければならない。

よい作品なのに評価されなかったり、他人の期待にこたえつづけて、はまり役以外できなかったりすることは、アーティストにとって嘆き悲しむべき喪失だといっていい。「誰にでもあることさ」とか「まあ、そんなもんさ」と言ってかたづけるのはあまりかんばしくない。嘆き悲しまれない失望は障害となり、将来の夢の実現を阻むようになる。自分にぴったりだと思える役を取れない、劇団などの正団員になるよう誘われない、ショーがキャンセルされる、劇評がどこにも載らない……これらはすべて喪失となる。

アーティストがもっとも打撃を受けやすい喪失は、批評にかかわるものかもしれない。内なるアーティストはインナー・チャイルドと同じく、真実によって傷つくことはめったにない。私たちは子どもに似ているが、子どもじみてはいないのだ。上手に書かれた的確な批評の矢に射抜かれたときは「なるほど」とうなずきたくなる。「私にもわかるわ。そのとおり！　そこのところを変えなきゃ！」と考えるのだ。アーティストを痛めつける批評は、悪意であれ善意であれ、要点を突いていないのにもっともらしく、論理的に反論できない総括的な判断を下そうとするものである。

教師や編集者や指導者は、若いアーティストにとって、権威ある人物や親的な存在になりやすい。教師と生徒の間には、信頼関係に基づく神聖な絆がある。こうした信頼関係が破られると、親子の間でよく見られるような葛藤が生じる。感情的な近親相姦《そうかん》が起こるのだ。

不謹慎な先生を信頼している生徒は、ときどきこんな言葉を聞かされる。「この作品はよくない」「将来性がまったくない」「才能に限界を感じる」「才能を見誤っていた」「才能があるかどうか疑問だ」……。この、私的な性格の強い漠然とした批評は、もみ消されたセクシャル・ハラスメントに似ている。心にグサリと突き刺さってくるのに、反論のしようがないのだ。信頼している先生からこうした批評をされた生徒は、羞恥心にとらわれ、自分を悪いアーティストとしてイメージする。そして、深刻な場合には、創作を続けること自体をばからしいと思うようになる。

アーティストの害となる先生

この十年、私は大学というアカデミーの森で教える特権に恵まれてきたが、じつはそれは危険に満ちた体験だった。客員講師としての印象では、多くの大学の教師たちは創作できないことに深いいらだちを感じている創造的な人である。彼らは知的な会話には長《た》けているが、それに頼るあまり、自分自身の創造的な衝動から切り離されている。彼らは、自分の創造性が妨害されていると自覚していることが多い。

芸術を学問的に評価することにいそしんでいる多くの大学の教師たちは、創造性を養うライティングのプログラムを疑いの目で見る傾向がある。創造性とは勉強するものではなく、実践するものだということがわかっていないのだ。

私が在籍していた大学に、映画学科の教授をしている知り合いがいた。彼は有能な映画作家だったが、長年、創作することの厳しさや創作活動につきまとう失望に直面できず、尻込《しりご》みしていた。自らの猛烈な創作意欲を教えることに注ぎ込んでいた彼は、最善の努力をしている学生たちを操ったり、けなしたりしながら、傍観者としての自分の立場を擁護し、正当化する方法を探っていた。

私はそうした彼の振る舞いに嫌悪を覚えた。彼に敬意を払ったとすれば、それは同情にかられてのことだった。初期の映画では、あれほど才能が輝いていた彼の創造性はゆがんで、どんよりと曇ってしまい、彼自身の人生だけではなく、生徒たちの人生にも暗い影を落としていた。真の意味で、彼は創造性を食い物にする怪物だった。

大学は、創造する精神を妨げる、はるかに微妙な恐るべき障害を抱えている。このことに気づくまでに、それから数年の教員生活が必要だった。明確な敵意なら対処の仕方もあるだろう。しかし、さらに危険でぞっとするのは、教師が学生たちの創造性に関心を示さず、無視していたことだ。

著名な研究者が多くいる大学にいたときのことを、今でも覚えている。そこで教鞭《きょうべん》をとっている同僚の教師たちは、秘教的な映画や異国情緒にあふれた映画に精通しており、そうした映画についての著作を数多く出版していた。研究に打ち込む彼らは、周囲の知識人からは尊敬を集めていたが、指導を受けにきた学生にはほとんど模範を示してやらなかった。彼らは創造性を伸ばすもっとも基本的な栄養素である「励まし」を与えるのを怠っていたのだ。

創造性は、その性質上、数値にして語ることはできない。作品を分析し、批評することに重点をおく大学では、創作活動そのものはあまり支援してもらえず、理解もされない。歯に衣を着せずに言うなら、ほとんどの大学の教師たちはものを分解する方法は知っているが、組み立てる方法を知らないのだ。

大学が高度なアーティストの養成所になるべきだと主張するつもりはない。けれども、大学という環境の中で成長し、才能を開花させようとしているアーティストたちは、知性偏重主義が創造意欲を失わせることを知っていると言いたいのだ。アーティストにとって、頭でっかちになるのは不具になるのに等しい。アーティストが厳しさに欠けると言いたいのではない。アーティストの厳しさは、知識人のそれとは異なったものに根ざしていると言いたいのである。

アーティストと知識人は、種類の違う人間だ。若かったころ、私はそのことにずいぶん当惑した。私自身、かなりの批評の才能をもっており、実際にそれで全米の賞をもらったことがある。残念なのは、批評する力を磨くのと同じ技術が、アーティストの卵の努力に対して、誤って採用されていたことだった。

若いアーティストたちは言わば苗木のようなものである。彼らの初期の作品は森の中の茂みや下生え、あるいは雑草にたとえられる。高尚な知的法則を好む学問の殿堂は、森の地面近くで生きている生命に、ほとんど温かな目を向けようとしない。才能に恵まれた多くの学生が、自分に無関係の基準に無理やり合わせようとして失敗し、不当にも脅かされているのを見るのは、教師として忍びなかった。本書を読んで採用してくれる大学の教師がもしいるとしたら、なによりも学生たちの成長を支えることを念頭において、活用してもらいたい。背丈の高い木は、自分たちの間にいる苗木のアーティストを暗黒の批判的なパワーで抑えつけてはならない。

充分なエゴの強さも、立ち直る術も持ち合わせていない才能ある若者たちは、酷評されてショックを受けると、その傷を何年間も引きずってしまう。他人に才能がないと思われていることを知った若いアーティストたちは、自分の追いかけていた夢がしょせん「誇大妄想」だったのではないかと訝り、恥ずかしくなる。そして、自分の才能を商売のほうに振り向け、リスクの多い独創的な作品を作ろうとする夢を忘れてしまう。彼らは物書きではなく編集者に、映画監督ではなくフィルムの編集者に、純粋なアーティストではなくコマーシャルのアーティストになり、夢にもう一歩というところで立ち止まってしまう。豊かな才能を内に秘めている人たちでも、ずうずうしさに欠けていると、批評による虐待や無視による栄養不良によって簡単に才能を摘みとられ、才能を発揮できずに終わってしまう。

希望の感覚や創造する勇気を取り戻したければ、自分を妨げている傷を認め、悲しまなければならない。このプロセスはつらく、つまらないことのように思えるかもしれないが、必要な通過儀礼なのだ。ティーンエイジャーが高圧的な親から自立しなければならないのと同じように、アーティストは意地の悪い教師から自立しなければならない。

テッドは最初の小説を書きあげたとき、勇敢にもそれをエージェントに送った。わざわざ読んでもらうお礼だと、百ドルの小切手まで添えた。返ってきたのは一枚の、なんの役にも立たない無責任かつ漠然とした反応だった。「この小説はよくも悪くもない出来栄えです。最悪のケースです。どう修正していいかわかりません。破棄してしまうことをおすすめします」

私がテッドと知り合ったとき、彼は七年間、創作から遠ざかっていた。彼は多くの駆け出しの作家と同じように、他の人の意見も聞いてみるということをしていなかった。私はテッドの友人として、その小説が手荒に扱われたことに心を痛めた。ためらいつつ、ようやく見せてくれた彼の小説を読んでみて、私はプロの作家として、強い印象を受けた。あまりに強烈だったので、なんとか彼の創造性を取り戻すお手伝いをしたいと思った。こうして彼は私の最初の生徒になった。

「もう一度書いてみなさい。あなたならできるわ。私にはそれがわかるの」。さっそく、私は創造性回復の仕事にとりかかった。テッドは喜んで自分の障害を取り除くリスクを引き受けた。テッドがモーニング・ページを書きはじめるようになってからすでに十二年がたつ。その間、彼は三本の小説を書き、二本の映画の脚本を書いた。現在では、きちんとしたエージェントをもち、彼に対する評価は高まっている。

テッドが現在のようになるまでには、若い作家として耐えてきた傷をふたたび生き直し、嘆き悲しむ必要があった。彼は傷によって失われた年月を取り戻さなければならなかった。そして、しなやかな芯《しん》の強さを、じっくり時間をかけて養っていく必要があった。

運動選手に傷はつきものだが、アーティストの人生にも、いろいろな傷がついて回る。それらは試合にも影響を及ぼす。大切なのは、それらを乗り越えて生き延び、自分をどのようにして癒してやったらいいかを学ぶことである。アーティストとして受けた傷は、恥ずかしがらずに、堂々と受け入れなければならない。それが傷を癒す最初のステップとなる。

傷の原因は外部にあるとはかぎらない。創造性を阻まれた人たちは、恐れや自信のなさから、あるいは余裕のなさから、チャンスを与えられても足踏みし、自分で自分に傷を負わせてしまうことが少なくない。

グレースは他の街でアートを学ぶための奨学金を提供されたが、ボーイフレンドのジェリーと別れたくないばかりに、それを断った。ジャックは遠い街の会社から、自分の得意分野の夢のような仕事を提示されたがやはり断った。友人や家族から離れたくなかったのだ。

これらの失われたチャンスはしばしば長い間、私たちにつきまとう。それらを掘り起こす作業については後でもっと詳しく取り上げるつもりだが、ここでは、それらを喪失体験の一つに含めることが、癒しのプロセスを開始させるきっかけになるとだけ言っておこう。

喪失をチャンスに変える

アートは時間を組み立てる行為である。「こう見てください。それがぼくの見方なんです」と作品は語りかける。私のひょうきんな友人である小説家のイブ・バビッツは「すべては見方で決まるんです」と語っている。これはアーティストの喪失体験にもあてはまる。すべての喪失を何かが得られる機会とみなさなければならない。

あらゆる終わりははじまりでもある。私たちはそれを知っている。けれども、悲しみにうちしひがれると、ついそれを忘れてしまいがちになる。喪失感におそわれると、まあ当然かもしれないが、私たちは過去の実績に関心を向ける。たとえば、学生時代の活躍や、仕事が成功して華々しく祝ってもらったときのことなどである。だが、私たちは先のことに目を向けなければならない。それは簡単ではない。先に何があるかわからないからだ。現在がこんなにもつらいとすれば、未来もつらいものになるのではないかと、つい思いたくなってしまう。

「喪失をチャンスに変える」ことはアーティストにとって強力な戦術となる。それを実現するには、ただこう自問してみればいい。「この喪失は私にとってどんな役に立つのだろう？　どのような仕事の方向性を示唆しているのだろう？」その答えはあなたを驚かせ、解き放つにちがいない。要は、痛みをエネルギーに変えることである。そうするには、物事を異なった角度から見てみるのがコツだ。あるいは、それまで躊躇《ちゅうちょ》していた扉を開けて、通り抜けてみるのもいいだろう。大切なのは、信じて行動することだ。

「ボールをキャッチするには、キャッチしたいと思わなければならない」と映画監督のジョン・カサベッテはかつて若い監督たちに語った。それを聞いて私はこう解釈した。「自分のしているごまかしに愚痴をこぼすのをやめ、自分が本当に求めているものに手を伸ばしなさい」。私はずっとこのアドバイスに従おうとしてきた。

私は何年間も映画会社でルーレットのような生活を送った。何度も自作の脚本を持ち込んだが、採用してもらえなかった。よい作品が会社の棚に放置されたまま、日の目を見ずに終わったこともたびたびある。いったん、ＧＯが出た映画製作が一夜にして打ち切りになったこともあった。

「そんなものなんだよ」と私は何度も言われた。「自分の作品を映画化してもらいたかったら、まず自分を脚本家として売り出さなければならん。次にたまたまきみの脚本が映画になり、その映画がヒットし、周囲がきみを少しだけ温かな目で見るようになれば、きみは監督のポストをつかめるかもしれない」

次々に脚本を書いてはボツにされながら、私はそうしたセリフを、長い間、聞かされていた。そして、ある脚本がボツにされたとき、ついに私はそれまで通ることを拒んできた別の扉を探しはじめた。ボールをつかむ決心をしたのだ。私はインディペンデントの映画作家になった。

ハリウッドを去ってシカゴに行き、中古のカメラを買った。そして、『マイアミ・バイス』誌に書いて得たお金をつぎ込んで、一九四〇年代スタイルのロマンティック・コメディを撮った。編集を仕上げるまでに三万一千ドルかかった。上出来だった。それから信じられないことに、サウンド・トラックのテープが盗まれるという事件が起きたが、どうにか映画を完成させ、ダビングをすませた（個人で映画を撮るなど、たしかに気ちがいじみていたが、私が模範としていたカサベッテもそうだった）。結果は、国外への配給が決まり、海外で好評を得た。そして私は多くのことを学んだ。

私が現在、メジャーの長編映画を任せられるまでになったのは、「なぜ私がこんな目にあわなきゃならないの?」ではなく、「次にどうしよう?」と自問しつづけてきたからにほかならない。自作の映画を作らなかったとしても、こうなっていたかもしれない。だが、こうなっていなかったかもしれない。

七四年以来、私は映画作家として無我夢中で働いてきた。長編映画だけではなく、短編映画やドキュメンタリー、ドキュメンタリードラマ、テレビドラマ、今週の映画、ミニシリーズものの脚本も手がけてきた。なかには悪評だったものもあった。私は一本の長編映画と半ダースほどの短編映画の監督をした。あまり目立たないところでは、脚本を手直しする〝医師〟の仕事もした。その場合、クレジットを入れてもらったこともあるし、入れてもらえなかったこともある。雇われ仕事としてやったものもあれば、人助けのためにやったものもある。

おまけに私は映画にかかわるエッセイ、インタビュー、解説を百本以上もこなしてきた。『ローリング・

ストーン』『ニューヨーク・タイムズ』『ビレッジボイス』『ニューヨーク』『ニュウ・ウエスト』『ロサンゼルス・タイムズ』『シカゴ・トリビューン』――最も多くかかわったのは『アメリカン・フィルム』だった。そこで何年間も私は編集者をし、原稿も書いた。つまり、自分の好きなことをずっとやってきたのだ。なぜこんなにもたくさん、精力的にやってきたかというと、映画を愛しているからである。途中、いろいろな喪失体験に見舞われたが、そこでめげてしまいたくはなかった。

喪失に見舞われたとき、「次に何が必要か？」と自問すれば、かならず前進した。失ったものに執着すると、決まって行き詰まった。仕事でつらい目にあったときに回復する鍵は、前向きの気持ちと賢い選択であることを私は学んだ。

成功したアーティストの軌跡を見てみれば、この原理が働いているのがわかるだろう。有名なビデオ作家、シャーリー・クラークはダンサーとして出発した。彼女が映画作家になったのは、よいダンス映画を撮りたいと思ったからである。一流の映画監督として認められ、ヨーロッパで有名になったクラークは、ハーレムで長編映画を撮った最初のアメリカの映画監督になった。また、彼女はハンディ・カメラの可能性を追求した最初の監督でもあった。ジョン・カサベッテ、マーティン・スコセッシ、ポール・シュレーダーといった監督たちが、自分の映画のスタイルを完成させるのにもっとも大きな影響を受けた人物の一人として、彼女の名前をあげている。

とはいえクラークは女性だということもあって、何度も困難に直面した。しかし彼女のすごさは、そこで立ち止まってしまわないことにあった。映画製作の資金が底をつくと、それをきっかけに最初のビデオアーティストの一人となり、サム・シェパード、ジョセフ・パップ、オーネット・コールマンなどと仕事をした。一つの創造性の道がだめだとわかると、他の道を探したのだ。

映画の年代誌には、監督としての人気がなくなったエリア・カザンが小説を書いた、といった類いの話がたくさん載っている。すぐれた俳優でもある映画監督のジョン・カサベッテは、俳優業で得たお金をつぎ込んで、映画会社に支持してもらえない折衷主義の映画を作った。「もし誰も作ってくれなかったら、俺が作るさ」と言い、実行した。目の前に障害が現れたとき、彼は別の扉を探したのだ。

もし女優兼プロデューサーのシェリー・デュバルが役がつかないとき、自らの創造性を他のところに向けずに、家で不平ばかりこぼしていたら、私たちは『フェアリー・テイル・シアター』のすばらしいシリーズを楽しめなかっただろう。

こういったことをわかっているアーティストは、しぶとく生き残り、しばしば名声を博す。鍵となるのは行動である。うまく活用されない痛みは、素早く固まって心を重くし、身動きできなくさせてしまう。なんらかの喪失に見舞われたら、内なるアーティストを支えてやるために即座に行動を起こそう。チューリップの花束や一冊のスケッチブックを買うだけでもいいのだ。行動は、「私にはきみの痛みがわかっている。私が生きがいのある未来を約束してやろう」と語りかける。私たちの中のアーティストは、小さな子どもと同じように、親になだめられることを必要としているのだ。

映画監督をしている友人はこんな話をしてくれた。新作映画が不評で、最悪の日のこと、二度と監督をさせてもらえないだろうと確信した彼は、暗闇の中で、自分にこう言い聞かせて眠りについた。「もし三十五ミリの映画が撮れなかったら、十六ミリの映画が撮れるさ。十六ミリの映画が撮れなかったら、ビデオで撮影すればいい。もしビデオ撮影もできなかったら、八ミリを使えばいい」

年齢は言い訳にはならない

質問：ピアノが弾けるようになるころには何歳になっていると思います？

答え：演奏できるようにならなくても、取る年は同じです。

何か新しいことに踏み込んでいこうとするとき、私たちはよく「お金がないからできない」と言う。「年を取りすぎているからできない」という言い訳も同じように頻繁に耳にする。こんな言い訳を並べることによって、私たちは初心者になる面倒くささから逃れようとするのだ。

私は三十五歳のとき、「これから映画学校に行くには年を取りすぎているわ」と自分に言った。そして、学校に入ってみて、実際に自分がクラスメートたちよりも十五歳も年上であることを知った。しかし、それと同時に、自分がクラスメートたちよりも強烈な創作意欲をもっていること、人生経験が豊富なこと、学ぶ速度が速いことも発見した。私は現在、映画学校でも教えているが、年を取ってから入学した生徒ほど熱心だという傾向がある。

「ぼくは俳優になるには年を取りすぎています」と多くの学生が大袈裟《げさ》に言っているのを何度も耳にしてきた。そんなことはないわ、と言うと、彼らはかならずしもうれしい顔をしない。名優、ジョン・マホニイが役者になったのは四十歳近くになってからだった。この十年間で輝かしい成功を収めた彼は、いつも三本の映画への出演が決まっており、世界でもっとも有能な監督たちと仕事をしている。

「私は作家になるには年を取りすぎています」と言うのも、よく聞かれるセリフである。これはエゴが傷つくのを避けるための言い訳にすぎない。レイモンド・チャンドラーがはじめて本を出版したのは、四十代の終わりになってからだった。『ジュールスとジム』という傑作は、七十代の男性の処女作として書かれたものだ。

「年を取りすぎている」は、恐怖に直面するのを避けようとするとき、かならず使われる逃げ口上である。別の言い訳をみてみよう。「退職したら、やってみるよ」。これもエゴが傷つくのを避けるための、興味深い逃げ口上である。文化全般の傾向として、私たちは若さをもてはやし、若者に実験的なことをする自由を与える。年寄りのことはないがしろにするが、若者が多少とっぴなことをしても大目に見るのだ。

創造性を阻まれた多くの人たちは、夢を追求するには年を取りすぎている（あるいは若すぎる）と自分自身に言い聞かせる。しかし、私たちが本当に気にしているのは年齢ではない。人のやらないことをして、他人に白い目で見られたくないだけなのだ。

創造性は瞬間の中に入り込むことによって生まれる。瞬間の中にいるとき、私たちは時間を超越する。創造性の回復に打ち込んでいれば、そのことがわかってくる。満足のいくアーティスト・デートをしたあと、「子どもになったような気がした」と報告する人が多い。子どもたちは自意識にしばられていない。創造性の流れに入り込めば、私たちも自意識から解放される。

憧れの活動を前にすると、「それをマスターするまでにどのくらいかかるかしら？」と私たちは聞きたくなるのだ。たとえば「一年くらいでだいぶ上達するでしょう。あなたの努力次第です」という答えが返ってくると、創造性を阻まれている人たちは、数年は言うにおよばず、一年ですら長く感じる。そう思わせるのは、物事をはじめさせまいとするエゴのささやかな策略である。私たちは創造の旅を自分に許そうとせず、旅の長さにだけ注目する。「こんなにも長くかかるの」。たしかに、そうかもしれない。だが、一日一日がかけがえのない一日として過ぎていくのだ。ゴールへと向かうその道筋が楽しいのだ。

創作意欲の減退を感じている人は、プロセスを楽しめなくなっている場合が多い。私たちはもっぱら技術を習得することや、作品を作ることに注目したがる。このような最終結果への執着は、創造性とは、「してしまったこと」ではなく「していること」の内にあるという事実をないがしろにする。

ある意味で、創造的な行為は決して終わることがない。演技を習っている人は、演技を習い終えることはできない。なぜなら、どんなに学んでも、さらに学ぶべきことがあるからだ。映画を監督したり、絵を描いたりするときも事情は同じである。どんなに完成度が高い作品でも、それが最終的なものかというとそうではない。いや、完成した作品に価値がないと言っているのではない。作品を作ることは、さらに完成度の高い作品を作るためのステップになると言いたいのだ。

プロセスに焦点を当てると、私たちのクリエイティブな生活はワクワクした感覚に満たされるが、生み出されたものだけに焦点を当てると、いつも結果を気にして、落ち込むことが多くなる。消費社会で暮らしている私たちは、どうしても製品に目がいき、アートもできあがった作品がすべてだと考えやすい。しかし、そのような考えは、創造性を阻む大きな障害となる。

アーティストなら、新しい領域に挑戦したいと思うのは当然だろう。しかし、それが自分をどこに連れていくかはわからない。そのため、がんばった成果が形にならなければ、と思い込んでいる大半のアーティストは、新たな挑戦がはたして仕事にプラスになるかどうか思い悩んだ揚げ句、往々にして好奇心を否定する道を選ぶ。そのたびに、創造性は妨害されるのだ。

年齢を盾に創作活動を避けようとするのは、できあがった作品を重視する有害な考えと結びついている。大学の卒業、医学部への進学、処女作の執筆といった特定の活動には、適齢期があると私たちは考えてきた。しかし、それは単にエゴの言い訳を許すための恣意《しい》的な方便にすぎない。

「もし若者たちに交じっていても浮かなかったら、上級クラスに申し込んでいるんですがね」

「もし二十年前と同じ体型だったら、ジャズ・ダンスを習ってたわ」

「家族の者にばかな年寄りと思われなかったら、またピアノをはじめるんですがね。レッスンした曲をまだ何曲か覚えているんですよ」

このような言い訳がちゃちに聞こえるようになったら、しめたものである。自分が言い訳を言っていないかどうか振り返ってみよう。そして、自分がエゴのためらいを押し切って、新しいことをはじめる勇気と謙虚さをもてるかどうか自問してみよう。

初心者であることを受け入れるのは、アーティストにとって、つねに最高の祈りである。初心者の謙虚さと好奇心は私たちを探求へと向かわせ、探求は達成へと導いてくれる。何事も最初は、おそるおそるの小さな一歩からはじまる。

手順を踏む

「手順を踏む」とは、まだ準備ができていない大きなプロジェクトに一気に飛びつくのではなく、小さなステップを踏むことを意味する。

具体的な例をあげてみよう。あなたは脚本を売り込みたいと思っているとする。そのためには、まず脚本を書かなければならない。脚本を書くには、構想を練ることからはじめ、細かなプロットを立ててから内容を埋めていき、百二十ページほどのボリュームに仕上げなければならない。この場合、「手順を踏む」とは、いろいろな誘惑や不安にとらわれずに、毎日コツコツと紙面を埋めていくことをさす。長い脚本でも毎日少しずつ書いていけば、洗濯で手を汚さなければならなくなる前に、素早くかたづけることができる。その日にやるべきことをかたづけてしまえば、心おきなく残りの時間を過ごせるのだ。

ほとんどの場合、「手順を踏む」ためにすべきことは、ほんのささいなことである。絵筆を洗う、画材店で粘土を買う、演技指導クラスの広告が載っていないかどうか地方紙をチェックする……。私の経験では、あなたの創造性を伸ばすためにとれる行動が、毎日、かならず一つはある。そうした日々のささやかな行動が手順を踏むことになるのだ。

また、より創造的な人生を送るには、現在の生活を捨てなければならないと思い込んでいる人が意外に多い。

「作家になったら、現在の結婚生活を続けていくことはできません」

「今の退屈な仕事をしながら、絵画を追求することはできません」

「シカゴ（あるいはシアトルやアトランタ）に住んでいては、演技の勉強はできません」

創造性をせき止められている人たちは、百八十度、自分の人生をガラリと変えてしまいたいと思いたがる。だが、そのような誇大妄想的な願望は破滅の原因になりやすい。離婚して街を去ることで頭がいっぱいなのに、誰がはじめての絵画クラスに集中できるだろう？　自分の創造的な生き方を貫くために恋人と別れる決心をし、新しいアパートを探すことに忙殺されている人物が、ジャズ・ダンスのクラスでまともなステップを踏めるだろうか?

私たちは作品を作る前から、自分が本物のアーティストになったときを夢想し、いらない心配をしたがる。「もし、脚本が売れたら、どうやってハリウッドに移ろう」といったことを考えたがるのだ。大きな工房がないと不平をこぼす、かけだしの陶芸家も夢想の中に生きている。彼らは、創造的な生活が数多くの小さなステップと、ごくまれに起こる大きな飛躍に根ざしているという事実を理解していない。

手順を踏むことは、もっていないものに不平をこぼすのではなく、もっているものに取り組むことを意味する。私はひとりの監督として、仕事にありつける俳優とは、実際に働いているといないとにかかわらず、絶えず仕事をしている俳優だということに気づいた。すぐに思い浮かぶのは有能な舞台女優兼映画女優、マージ・コットリスキーである。彼女はいつでも仕事や稽古に備えていた。かつてはシカゴにあるセント・ニコラス・シアター・グループでまだ若かった劇作家のデビッド・マメットと組み、現在も、より完成度の高い仕事を、前より多少年を取ったマメットといっしょにするようになっている。

彼女は今までの実績に満足してあぐらをかいているようなタイプではない。舞台公演がないときには、レベルを落とさないよう演技のクラスを受け、新しい劇の読み合わせにも備え、ひじょうに健全な形で創造的な生活にいそしんでいる。他の俳優同様、彼女も「二度と働けないんじゃないかしら」という不安に苦しんでいるが、打ち込み方が足りない多くの俳優と違って、彼女はただ他人のためだけや、お金のためだけに仕事をすることを自分自身に許さない。もちろん彼女は支払いを求めるし、私も俳優がただで仕事をすべきだと主張するつもりはない。私が言いたいのは、仕事が仕事を生むということなのだ。創造的な人生においては、小さな行動が大きな動きを生み出すのである。

多くの俳優たちは、創作活動を自分で管理しようとせず、プロダクションに任せてしまう。そのため、何か都合の悪いことが起こると、自分の努力不足を棚にあげ、すべての責めをプロダクションに負わせようとする傾向がある。だが、俳優にかぎらず、創造性を維持していくには、今、自分に何ができるかを、絶えず自問しつづけなければならない。

大それたことを考えるのではなく、日々、小さな行動を実行に移すようにしよう。大きなことに心を奪われていると、足元の小さな回答を見つけられなくなる。私たちが期待しているのは、人生を百八十度転換させてしまうような大規模な変化ではない。現在の生活の基盤になっている仕事、家庭、人間関係をより創造的にするための変化を求めているのだ。

創造性を回復しつつある人は、失われた年月のことを思い出し、突然、猛烈な怒りにかられたり、深い悲しみにおそわれたりすることがよくある。クリヤと呼ばれるこの現象が起こると、私たちは絶望にかられ、何もかも投げ捨ててしまいたくなる。そんな気分にとらわれたら、代わりに、今いるところで小さな変化を引き起こす努力をしてみよう。注意深く一つひとつ手順を踏み、それが自然に新しい大きな流れに成長するまで続けるのだ。

詩人のセオドア・ローザックが書いているように、「私たちはどこに行かなければならないかを、行くことによって知る」。コツコツと手順を踏んでいくと、わざわざ大きな変化を生み出そうとする必要はないとわかってくる。大きな変化は、小さな変化の積み重ねによって自然に生じるからだ。宇宙飛行のことを考えてもらいたい。軌道をほんの少し変えるだけで、時間がたてば、大きな違いが生み出されるのだ。

子どものときの条件づけ・エクササイズ

ふだんは気づかないかもしれないが、喪失の多くは子どものころの条件づけに結びつけられる。子どものとき、あなたは、「お前は何もできないじゃないか」と言われて育ったかもしれない。「なんでも簡単にできるようにならなければだめだぞ」と言われたかもしれない。こうしたメッセージはいずれも受け手の創造性を阻んでしまう。

次の質問は、あなた自身の条件づけを明らかにし、解読する手助けになる。自分には合わないと感じるものもあるだろう。あなたの心に浮かんでくるものをすべて書き出してみよう。

◎子どものとき父親はアートをどのように考えていましたか？　それをあなたはどう感じていましたか？
◎父親が言ったことや、やったことで覚えていることがありますか？　それをどう感じましたか？
◎子どものとき、あなたが空想にふけることを母親はなんと言っていましたか？
◎あなたを空想から目覚めさせるために母親は何をしましたか？
◎あなたを信じてくれた人は誰ですか？
◎子どものときの出来事で、印象に残っているものはなんですか？　それについてどう感じましたか？
◎あなたがアーティストになるチャンスをだいなしにしたものはなんですか？　そのことであなたはどんな否定的なレッスンを学びましたか？

◎子どものころ、あなたが大きな罪だと思ったことはなんですか？
◎ある程度成長してからあなたは、アーティストとはどのような人物だと思いましたか？
◎あなたの信念を打ち砕いた先生は誰ですか？
◎その先生にどんなことを言われましたか？
◎あなたがその先生の言うことを信じた理由はなんですか？
◎あなたのよい模範となった指導者は誰ですか？
◎人に「才能があるね」と言われるとき、どんなことを期待されていると思いますか？
◎人々が求めていることで、あなたが疑問に思っていることはなんですか？
◎人々が言っていることで、あなたが信じられないことはなんですか？
◎もし自分が本当に才能があると思えるなら、どんなことに打ち込みたいですか？

〈自分を肯定する言葉〉

次に掲げる自分を肯定する言葉は、創造性を伸ばすのに一役買ってくれるものだ。次から五つの肯定の言葉を選び、今週、モーニング・ページに書いてみよう。

◎私は才能のある人間だ。
◎私はアーティストになる権利をもっている。
◎私は善人であり、よきアーティストだ。
◎創造性は私を祝福する。

◎私の創造性は他人を祝福する。
◎私の創造性は正当に評価されている。
◎私は現在、以前よりもやさしく自分自身や自分の創造性を扱っている。
◎私は現在、以前よりも寛大に自分自身や自分の創造性を扱っている。
◎私は現在、以前よりも堂々と自分の創造性を分かち合っている。
◎私は現在、希望を受け入れている。
◎私は現在、肯定的に行動している。
◎私は現在、創造性の回復を受け入れている。
◎私は現在、自らが癒されるのを受け入れている。
◎私は現在、私の人生を花開かせてくれる神の助けを受け入れている。
◎私は現在、神がアーティストを愛することを信じている。

〔**今週の課題**〕

①目標の探求をする。このエクササイズは難しいと感じるかもしれないが、それでもやってみよう。もしたくさんの夢が浮かんできたら、その一つひとつについてエクササイズをやってみよう。夢を具体的に細かいところまで思い出してみるという単純な行為が、現実化させる足がかりになるのだ。目標の探求を、あなたが望む人生の設計図と考えればいい。まず、夢に名前をつけて書き出す。たとえば、「なんでもかなう世界の中で、私はひそかに……………………になりたい」。次にあな

たが達成感を感じる具体的な目標をあげる。心の羅針盤では、その目標が真北を表しているはずだ。たとえば同じように女優志願の女性でも、『ピープル』誌に載るのが目標という女性にとって、夢の中心、つまり羅針盤の真北は魅力である。具体的な目標がブロードウェイのミュージカルという女性にとって、アーティストとして尊敬されることが夢の中心だ。したがって、尊敬が真北になる。前者はメロドラマのスターになっても幸せになれるかもしれないが、後者の夢には舞台での仕事が必要だろう。

②①の夢と心の羅針盤に照らして考えてみた場合、あなたは五年たったとき、なんでもかなう世界の中で、どのあたりにいたいだろう？　あなたが現在住んでいる世界の中で、自分の目標に向かうために、今年、あなたにできる行動はなんだろう？　また、今月、あなたはどんな行動を起こせるだろう？　今週は？　今日は？　今は？

③あなたの夢をリスト・アップしよう（たとえば、有名な映画監督になること）。その真北は何かをあげて（尊敬、高次の意識、マスコミュニケーション）、模範となる人間を選んでみる（ウォルト・ディズニー、ロン・ハワード、マイケル・パウエル）。五年、三年、一年、一か月、一週間、そして今の行動プランを立て、行動しよう。本書を読むのも一つの行動である。

④新しい子ども時代をつくろう。もしあなたが完璧な育てられ方をしたら、どうなっていただろう？　この空想の子ども時代について一ページ書いてみよう。あなたは何を与えられただろう？　今、それと同じように自分自身を育て直すことができるだろうか？

⑤一つの色を選び、その色になったつもりで短い自己紹介の文を書いてみよう（「私はシルバーです。

ハイテクや霊妙さのイメージによく結びつけられます。夢と達成の色です。薄明かりと中間の色でもあります。性格は穏やかです」「私は赤です。情熱、夕日、怒り、血、ワイン、薔薇《ばら》、軍隊、殺人、欲望、リンゴに結びつけられます」)。あなたの好みの色は？　その色のものを何かもっているだろうか？　部屋全体はどうだろう？　これがあなたの人生であり、あなたの家なのだ。

⑥あなたが自分に禁じていることを五つあげよう。社長を殺す、教会の中で叫ぶ、裸で外に出る、派手に登場する、仕事をやめる。それを紙の上でやってみよう。書いたり、描いたり、演じたり、コラージュしたりしてみるのだ。次にそれに音楽をつけて、踊ってみよう。

⑦あなたがして楽しいことを二十あげよう（ひょっとしたら第2週であげたリストと同じになるかもしれないし、ならないかもしれない）。それぞれの項目に対して次のような質問をし、答えてみよう。

それはお金がかかりますか、それとも無料ですか？
たくさんお金がかかりますか、それともあまりかかりませんか？
ひとりでするものですか、それとも誰かといっしょにするものですか？
仕事に関係したことですか？
物理的なリスクを伴いますか？
ペースが速いものですか、遅いものですか？
心を使うものですか、体を使うものですか？　あるいは霊的なものですか？

⑧理想の日をつくろう。現在のあなたの人生の中で、完璧な日を計画してみよう。

⑨願望の中の理想の日をつくろう。あなたがこうあってくれればいいと思っている人生の中で、完璧

な日を計画してみよう。制約はいっさいない。あなたの理想的な環境、仕事、家、友達の輪、親しい関係、アーティストとしての名声（あなたのもっともワイルドな夢）。

⑩あなたの理想の一部を実現してみよう。まだローマに引っ越すことはできないかもしれないが、うす汚れたアパートの中でも、手作りのカプチーノを楽しむことはできる。

［チェック・イン］

①今週は、何日、モーニング・ページをしましたか？　やめたくなったことはありますか？

②今週はアーティスト・デートしましたか？　アーティスト・デートをサボるために、仕事にかまけませんでしたか？　あなたは　アーティスト・デートで何をし、どう感じましたか？

③今週、シンクロニシティを体験しましたか？　どんな体験ですか？

④今週、あなたの創造性の回復にとって重要だと思われることが、ほかにありましたか？

第9週 思いやりの心を取り戻す

今週は、私たちの創造性を内側から阻んでいるものに向き合うことになります。一目散に逃げ出したくなるでしょうが、ここであきらめてはいけません。ここでは、私たちの創造する意欲を奪ってきた心の抵抗を見定め、過去の失敗で受けた傷を癒していきます。癒しが進み、アーティスト・チャイルドのおびえがとれてくるにつれ、思いやりの心が増していくでしょう。心の抵抗を取り除く方法を身につければ、この先、リスクを恐れる必要もなくなるでしょう。

恐怖で前に進めない

創造する力を取り戻すには、まずなによりも、物事や自分自身を正確に表現することを学ぶ必要がある。ほとんどの人は、自分の行動を適切な言葉で表現するのが下手である。たとえば、創造したいのに創造できないことを、私たちはずっと「怠惰」と呼んできた。これでは、正確さを欠くどころか、自分を不当に貶《おとし》めることになるだろう。物事を正確に表現することは、自分への思いやりにもつながるのだ。

創造できずにいるアーティストは怠けているのではなく、創造性を阻まれているのである。創造性を阻まれることと怠惰であることは同じではない。創造性を阻まれている人たちは、はた目にはわからないが、大量のエネルギーを使っている。それらのエネルギーは自己嫌悪や後悔、嘆き、悲しみ、嫉妬、さらには自分を疑うことに使われる。

創造性を阻まれた人は、おぼつかない足取りで創造の世界にどうやって踏み出していったらいいかわからない。そのくせ、長編小説を書きたい、長編映画を撮りたい、個展を開きたい、オペラを作りたいといった、とほうもない夢を抱く。いきなりそんな大仕事が成し遂げられるわけがないので、手をつけることさえできない。そのとき感じる自分の能力のなさを彼らは怠惰と呼ぶのである。

これからは創造に向かって歩み出せないことを、怠惰ではなく恐れと呼ぼう。

創造性を発揮できないアーティストたちを苦しめているのは恐れなのだ。失敗することだけではなく、成功することをも彼らは恐れている。そうした恐怖はかならずといっていいほど、見捨てられるのではないかという不安と結びついており、子どものときの体験に根ざしている。

創造性を阻まれたアーティストの大半は、親の善意や良識に反抗してアーティストになったという経緯をもっている。これは子どもにとって大変な葛藤だといってよい。親の押しつけに屈しないためには、自分のすることは自分のほうがよく知っていると自負しなければならない。また、親をひどく傷つける覚悟もいる。アーティストを志す若者が平凡なアーティストになるだけで満足しないのは、なんとしてでも、ビッグなアーティストになって親を見返してやりたいと思っているからである。

子どもが逆らえば、どのみち親は傷つくことになる。アーティストの名乗りを上げることは、親には反抗と受け止められるのが普通だ。不幸にも、アーティストの人生を思春期の一時的な反抗とする見方がいまだに根強く残っている。そのため、どんな創造行為も愛する人に見放されるという危険を伴っている。そうした恐れをもっているアーティストは、創造したいという衝動をもつこと自体を後ろめたく感じてしまう傾向がある。

こうした後ろめたさが、反抗を正当化するためにビッグ・アーティストにならなければという目標を掲げさせるのだ。ところが、ビッグ・アーティストになりたいという欲求が、アーティストになることを難しくさせる。偉大な作品を生み出したいという欲求が、どんな作品を生み出すことも難しくしてしまうのだ。

なかなか創作に踏み切れないということは、創作できないということではない。あなたが、運命の力や親しい友人からの、そしてあなた自身からの助けを必要としていることを意味している。

まず第一に、一歩一歩、小さな努力を積み重ねていくことを心がけよう。努力はきっと報われる。だが、自分に無理難題を課せば、恐怖心が高じ、にっちもさっちもいかなくなるだろう。

行き詰まりは怠惰のせいではなく、恐怖のなせるわざである。

創作活動を妨げるのは、恐怖心以外の何ものでもない。自分には才能がないんじゃないだろうか？　最後までやりとおし、作品を完成させられるだろうか？　失敗したらどうしよう？　たとえ成功しても、後が続くだろうか？

そもそも、創作に手を染めること自体が怖いことなのである。こうした恐怖を治せる薬は愛以外にない。愛の力を借りて、あなたの中のアーティストの恐怖心を取り除いてやってもらいたい。

そのためには、自分をののしるのはやめて、やさしくしてやる必要がある。怖いなら怖いと、ありのままに認めることも大切だ。

熱意とは、「神に満たされる」こと

「アーティストになるには、相当に厳しい訓練を積まなければならないんでしょう」。かつてアーティストになりたいと思ってなりそこねた善良な人たちに、よくそんなふうに聞かれる。そう言われると、悪い気はしない。まるで自分がスパルタ式の厳しい軍事訓練に耐え抜いた英雄として、称賛の目で見られているような気分になる。

しかし、アーティストの試練を軍事訓練と比べるのは危険である。厳しい自己鍛錬も、短期間なら効果を発揮するかもしれないが、ほんのひと時しか続かない。役に立つが、長持ちしない電池のようなものだ。自己鍛錬はそもそもナルシシズムに根ざしている。自分はこんなにもすばらしいことができるんだと、自分で自分を称賛するのだ。このタイプの人にとっての目的は、何かを作り出したり、成し遂げたりすることではなく、鍛錬すること自体にある。

長期間、創作活動に打ち込むために必要なのは、鍛錬ではなく、熱意である。熱意とは感情の高ぶりではない。創造のプロセスに進んで身を任せ、周囲のすべてのものに創造性が働いていることを受け入れる姿勢を表している。

ギリシャ語で「神に満たされる」という意味の熱意は、尽きることなく脈々と流れるエネルギーが、生命の流れに注ぎ込まれている状態である。それは仕事ではなく遊びに根を下ろしている。私たちの中のアーティストは、頭の固い兵隊ではなく幼児であり、私たちの遊び仲間である。遊び仲間との絆は、義務ではなく、楽しい遊びによって培われる。

私たちの中にいるアーティストも、軍人と同じように早起きし、朝の静寂の中、タイプライターやキャンバスに向かうかもしれない。しかし、それは厳しい訓練というよりは、子どもたちの秘密の冒険に近いものである。はたから見れば厳しい試練のように見えても、実際には、内なるアーティストとの楽しいデートなのだ。「朝、六時に会おうよ。それから二人で、例の台本、（絵、彫刻）をもとに、作戦を練るんだ」

仕事を遊びだと思えば、仕事をすることも苦にならない。絵を描くことも、六十本の先が尖《とが》った鉛筆を使うことも、すべてが楽しみとなる。多くの作家がコンピュータでなく、あえてがっちりしたタイプライターを使いたがるのは、そこから繰り出されるカタカタという音が、ポニーが小走りしている音を聞いているようで心地よく、心が和むからだ。多くのアーティストが、仕事場を遊び場のようにすると、仕事がはかどると述べている。壁に貼られた恐竜の絵、安売り雑貨店で買ったおもちゃ、豆電球がちりばめられたクリスマス飾り、紙粘土の怪物、釣り下がったクリスタル、小さな花束、水槽……それらはみな、仕事場を遊び場に変える小道具である。

感傷的に考えれば、威厳に満ちた修道院のがらんとした独居房もアーティストにとって魅力的に思えるかもしれない。だが、現実は、それよりいささか雑然としている。第一、飾りのない無味乾燥な部屋に入れられたら、ほとんどの幼児は気が遠くなるほど退屈してしまうだろう。私たちの内部の幼いアーティストも例外ではない。

アートの楽しみが、創作すること自体にあることを思い出そう。「旅をすること自体が目的」だと言ってもいい。それは、創作に打ち込むとき、時間という場で創造性が働いていることを意味している。その核心にあるのは、遊ぶ楽しさである。

創作に挫折はつきもの

創造性の障害を克服するのは、ちょうど大きな病やケガから回復するようなもので、健康への関心をいやがおうにも高めてくれる。私たちは心の病にかかっていたのだから、ある時点で、そうした病の原因となる喜びや特権を手放す決断をしなければならない。

創作意欲にあふれたアーティストは、健康な人間である場合が多い。それは、不健全な習慣に陥ってしまいがちな人たちにとって、耳の痛い話かもしれない。

多くの人が健康なアーティストになろうとしないのは、傷ついたアーティストでいるほうが同情を集められるからだ。創造することではなく、同情を支えにしているアーティストは、自由に創作できるようになると、恐怖を覚えることさえある。そして、恐怖があまりに高じると、創作に打ち込むことをやめ、自分自身を妨害しはじめる。成功を目前にしたアーティストや、高い評価を受けたアーティストで、よく「自決」する者を見かける。彼らは成功の華々しさに耐えきれず、うじうじした自分に逃げ帰ってしまうのだ。というのも、成功者でいるためには、精力的に作品を生み出しつづけるリスクを負わなければならず、それよりも、創造性を阻まれた犠牲者でいるほうが楽なのだ。

創作しつづけることに怖《お》じ気ついた人は、突然、無関心になる。それまで楽しく創作に取り組んでいたのに、仕上げたばかりの作品を前に、「ふん、こんなものが、いったい何なるんだい？　初心者丸出しじゃないか。他の連中はあんなにすごい作品を作っているのに……」と投げやりな態度をとるのだ。たしかに、そこであきらめてしまえば、ずっとそのレベルにとどまることになるだろう。だが、創作に踏み込めずにいたときから比べれば、長足の進歩をしたのだ。

今や、私たちは旅の途上にいる。とはいえ、道は危険に満ちている。道端には、私たちの気をそらすさまざまな誘惑が待ち構えているし、道路は決して平坦ではなく、迂回《うかい》しなければならないときもある。ここで、アーティストが突然、創作意欲をなくす例をいくつか見てみよう。

◎あるシナリオ作家は親切なエージェントがついているため、作品のちょっとした手直しをすべて任せてしまい、自分では何もしない。

◎あるパフォーマンス・アーティストは、新しいテーマに取り組むためのワークショップを開催してみるが、そのテーマを完成させるには、さらにするべきことがあると気づき、手を引いてしまう。

◎ある俳優は、自分の顔写真を何枚か集めて一流のプロダクションに再登録するよう言われるが無視する。

◎ある女優兼プロデューサーは、映画会社にすばらしいシナリオを持ち込み、製作の条件を示されるが、気に食わない箇所があるのを見つけ、企画そのものをご破算にしてしまう。

◎ある画家ははじめてのグループ展に参加してみないかと誘われるが、ギャラリーのオーナーにケンカをふっかける。
◎ある作詞家は、新しい作曲家と組み、文字どおりのすばらしい曲を作る。彼らは三曲ほど試聴盤を製作し、熱狂的な支持をえるが、その時点でコンビを解消してしまう。
◎ある写真家志望の学生は、先生にその才能を買われて大いに励まされる。しかし、現像の実習でフィルムを一巻だめにしてしまい、それっきり、退屈だからといって、授業に出なくなる。

突然、創作意欲が萎《な》えてしまったら、自分自身を温かな目で見てやることが必要である。創作には恐怖がつきまとう。それゆえ、どういうジャンルのアートに取り組むにせよ、行き詰まりを感じることはある。そのようなときは、充電期間だと思えばいいかもしれない。障害物競走の馬が、障害物の前で怖じ気づき、何回か馬場を回ったあとに、また跳躍に挑戦するように、少し時間をおいてみるのだ。

とはいえ、障害物を前に踵《きびす》を返した瞬間には、当然、屈辱を味わう。それは二重の屈辱である。私たちは、まず、恐れたことを恥じ、次に、恐れて取った行動を恥じるのだ。だが、あなただけではなく、どんな仕事をしている人にも、そういうことがあると思えば、少しは心が楽になるのではないだろうか。

私は三十代の半ばに、二年間ほど、『シカゴ・トリビューン』誌でアートに関する記事を書いていた。おかげで、五十人以上ものアーティストにインタビューする機会に恵まれた。そのなかには、黒澤明、ケビン・クライン、ジュリー・アンドリュース、ジェーン・フォンダ、ブレイク・エドワーズ、シドニー・ポラック、シシー・スペイシク、シガニー・ウィーバー、マーティン・リット、グレゴリー・ハインズといった人たちも交じっていた。インタビューの内容は、ほとんどが自信の喪失からいかにして立ち直ったかということだった。彼らの話を通してわかったのは、傑出した監督や俳優たちは、単に才能があるだけではなく、落ち込みを避ける能力や挫折《ざせつ》から立ち直る能力に秀でているということだった。

アーティストたちの成功は、つねに挫折の上に成り立っている。大切なのは、挫折を避けて通ることではなく、挫折したときに、それを乗り越えて生き残る力なのだ。苦しくなったら、どんなにすぐれたアーティストも苦難のときを乗り越えてきたことを思い出そう。

ブレイク・エドワーズは、過去三十年間、めちゃくちゃ楽しいコメディ映画を撮り、成功を収めてきた。にもかかわらず、自ら選んで追放の身となり、スイスで七年間暮らしたことがある。自らが最高傑作と自負するシナリオを書き上げたにもかかわらず、製作の準備段階で、映画会社が集めたスターたちと意見が合わず、監督を降ろされてしまったからである。

製作スタッフから外されてしまった彼は、自分の最愛の映画が他人の手で下手に作られていくのを傍観しているしかなかった。心に傷を負ったエドワーズは、手負いの獅子《しし》のように、傷を癒すためアルプスに引きこもった。だが、傷をいちばん癒してくれるのは、時間ではなく、創作することだという考えにたどり着き、七年という長いブランクの末、ふたたび監督業に復帰した。以来、精力的に作品を作りつづけている。私とのインタビューで、彼はこのブランクの時期について触れ、残念だったとつらそうに語ってくれた。

私たちは、自分にもっと思いやりをもってもいいのではないかと思う。創作意欲をなくすとき、そこにはかならずといっていいほど、恐れがかかわっている。成功することに対する恐れ、失敗することに対する恐れ、いずれであろうと大差はない。結果はみな同じなのだ。

創作活動の行き詰まりや、行き詰まりやすいパターンから抜け出すには、自分が恐怖や痛みに否定的に反応しやすいことや、本気で助けを必要としていることを素直に認めなければならない。

あなたの才能を、あなたが乗り回している若くて臆病な馬にたとえてみよう。この馬はとても素質があるのだが、まだ幼くて神経質なところがあり、経験も浅い。はじめて見る障害物におびえ、跳躍に失敗するかもしれない。それどころか、突然、飛び跳ねてあなたを振り落とそうとしたり、足をくじいたふりをしたりするかもしれない。騎手としてのあなたの仕事は、前に向かって馬を走らせ、なんとかゴールまでたどり着かせることである。

まずはじめに、あなたの馬が怖がって跳躍をためらうのはどの障害なのかを見てみよう。おそらく、どんな障害かによって馬がおびえる程度が違うだろう。書評という障害は大丈夫だが、書き直しの障害は大きな脅威になるかもしれない。また、競馬では、馬場に他の馬がいることを忘れてはならない。ベテランの騎士は経験の浅い馬を走らせるとき、経験豊富で走りが安定しているやや年取った馬の後につけるという手を使う。あなたも、キャリアの長いアーティストから、知恵を借りればいいのである。

書き直しをうまくやった人が近くにいるだろうか？　いたら、どうやってやったのかを聞こう。酷評されてもしぶとく生き残ってきた人がまわりにいるだろうか？　いたら、傷を癒すために何をしたか尋ねてみよう。

自分の限界を認めれば、自然と、手は差し伸べられるものだ。ひとりでなんでもやろうとしたがるのは、エゴのしわざと決まっている。一匹狼《おおかみ》を気取って弱音を吐けないのだろう。だったら、プライドを捨てるしかない。

ボブははじめてドキュメンタリーの製作を手がけたとき、前途有望な若手監督と目されていた。それは工場労働者である父親を撮った、大変力強い短編だった。粗編集をし終わった段階で、彼はそれを教師に見せた。

その教師はかつては有能な映画作家だったが挫折し、その後は創造性を阻まれたままになっていた。そんな個人的な事情もあって、教師はボブの作品を、容赦なくこき下ろした。製作意欲を失ったボブは、フィルムを箱に突っ込んで地下室に置き去りにしたまま、大雨で地下室に浸水がある日まで放っておいた。てっきり、フィルムがだめになったと思ったボブは、「しかたがないさ」と自分自身に言い聞かせた。

私がボブに会ったのは、その五年後である。友人になってしばらくすると、彼は私にそのフィルムの話をしてくれた。私はまだフィルムが大丈夫ではないかという気がしたが、彼は「もうどこにもないよ」と言った。

「現像所にだって、僕が預けたオリジナル・フィルムなんか、残っているわけがないさ」。そう言うなり、ボブは泣きくずれた。そのときはじめて、打ち捨てられた夢を心から悲しみ嘆く気になったのである。

一週間後、ボブは現像所から電話をもらった。「信じられないよ。原版フィルムが見つかったんだって」。彼はそう言ったが、私は別段、驚きもしなかった。

創造主はアーティストを大事に見守っており、彼のフィルムを守ってくれたのだと私は信じている。現在、妻になっている、シナリオ・ライターのガールフレンドに励まされ、ボブはそのフィルムを完成させた。今は、二作目に取りかかり、夫婦で革新的なドキュメンタリーの製作を続けている。

創造性を妨げる障害を打ち破る

心おきなく創作に取りかかるには、創作にまつわる怨恨《えんこん》（怒り）や抵抗（恐怖心）から自由でなければならない。つまり、心の奥のわだかまりがなくならないと、創作がはかどらないということ。これまでの借りを返してやろうという報復の気持ちも、やはり創作の妨げになる。こうした心の障害は決して不可解なものではない。悪意に満ちているように思えるまわりの者たちに対する、わかりやすい防衛なのである。

あなたの中の創造性豊かな子どもはふくれ面をするし、かんしゃくも起こす。妬みも抱くし、いわれのない恐れももっている。ほとんどの子どもたちと同じように、暗闇やお化けを怖がり、安全だとわかっている冒険にしか手を出さない。そんな内なるアーティストに、出てきて遊んでも大丈夫だと信じさせられるかどうかはあなたの力量にかかっている。

そこで、新しい創作プランに着手する際は、あなたの中のアーティストに簡単な質問をしてみるといい。きっと厄払いになってくれるはずだ。創作の途中で困難にぶつかったり行き詰まったりしたときにも、同じ質問を自分にぶつけてみるといい。仕事の流れを邪魔しているものを取り除いてくれるだろう。

◎現在の仕事で自分の中に積もった怨恨（怒り）のリストを作る。常識的に見て、どんなにささいで、意地悪で、むちゃに思えようとかまわない。内なるアーティストには、大問題で、許せないことなのだから。たとえば、二番目に声をかけてくるなんて許せない（俺が正真正銘の第一人者なのに）……。この編集者には腹が立つ。まったく、口うるさい女だ。文句ばかり言いやがって……こんなばかな男のために働くなんて腹が立つ。期限どおり、ギャラを支払ってくれたためしがないくせに……。

◎取りかかっている作品についての不安や、それがどのような受け止め方をされるかについての不安を、残らずリスト・アップする。これも、二歳児の幼児の不安のように、手のつけられないものになるかもしれない。大人の目から見て、根も葉もない恐れでもいいのだ。あなたの中のアーティストにとって、恐ろしい巨大なモンスターであることが問題なのだから。たとえば、ひどい作品なのに、私はそれに気づけないかもしれない……よい作品ができても、みんなによさがわかってもらえないんじゃないかしら……私のアイディアは、時代遅れかもしれない……私のアイディアは斬新すぎて、誰もついてこれないんじゃないかしら……食べていけるだろうか……仕上がらなかったらどうしよう……どうやってはじめたらいいんだろう……恥をかいたらどうしよう（今だって、もう充分恥をかいてるのに）……。

◎恐れや不安を全部出し尽くしただろうか？　ちょっとした不安がまだ残っているのでは？「ばかばかしい」怒りを抑えてしまってはいないだろうか？　もし抑えているようなら書き出してみよう。

◎この作品を作らなかったら、代わりに何が得られるか、自分に聞いてみよう。たとえば、作品を書き上げなければ、誰からもけなされない、作品を書き上げなければ担当のまぬけな編集者をハラハラさせてやれる……。自分で絵を描いたり、脚本を書いたり、演技をしたり、歌ったり、ダンスを踊ったりしなければ、他人を批判できる。自分のほうがうまくできるかもしれないから。

◎創造の神さまと取引をしよう。「わかりました創造の神さま、作品の出来はあなたにお任せします。私は作品を作りつづけることに専念します」。こう紙に書いてサインし、目立つところに貼っておこう。このエクササイズはとても効果がある。創造性を妨げる障害物を、跡形もなく消し去ってくれるだろう。

［今週の課題］

①モーニング・ページを、一週目から通して読んでみる。この課題を行うには、ぜひ二色のマーカーを使ってほしい。一本はためになる「洞察」に、もう一本は必要な「行動」に線を引くためである。書かれてあることや、自分自身を判定しないようにしよう。それはひじょうに大切なことだ。たしかに退屈だろうし、つらいかもしれないが、ある種の道案内の地図と考えればいい。あくまで情報として受け止め、告発文として読まないように。

②棚卸しをする。モーニング・ページで、あなたがしつこく不満を述べてきた相手は誰だろう？ 手をつけたいのに、なかなかその気になれず、長い間、先延ばしにしてきたものはあるだろうか？ あなたがぐずぐずと実行せずにいることはなんだろう？ どんな変化なら、あなたは喜んで受け入れるだろう？

③気を取り直す。モーニング・ページを書いていると、多くの人は、自分の中に、白黒をはっきりつけたがる傾向があることに気づくだろう。「彼は最低だ。彼はすばらしい。彼が大好き。彼なんか大嫌い。すばらしい仕事だ。ひどい仕事だ」。こうした極端な考えに振り回されないようにしよう。

④感謝する。モーニング・ページのおかげで、私たちは自虐的にならずに感情を吐き出すことを許されてきた。干渉されずにプランを練り、人目を気にせず愚痴をこぼし、思いっきり想像の羽を伸ばし、自分の心の内側をのぞくことも許されてきた。それらを許した自分をほめてあげよう。そして、そこに書き出されたものの功績に感謝しよう。あなたの変化と成長の育ての親なのだから。

⑤目標を達成した自分をイメージする。あなたはすでに自分の目標を定め、どちらに向かえばいいか

を確認した。次は想像力を充分に働かせ、自分の目標が達成されたところをイメージするために、たっぷり時間をかけ、細かいところまで味わってもらいたい。まず、目標を達成した自分になって、聴衆に向かって思うぞんぶん自己紹介する場面をイメージする。これはあなたにとって理想のシーンである。イメージがふくらんだら自分を紹介する言葉を紙にすべて書き出し、大声で自分に向かって読んでみよう。それを、目につくところに貼っておくといいかもしれない。そして実際の自分の写真と雑誌の切り抜きを組み合わせて、理想のシーンを再現してみよう。それによって、あなたのイメージがぐんと現実味を帯びてくるだろう。

⑥優先順位を確認する。一年間、一か月、一週間という順で、最終ゴールに行き着くまでの目標をリスト・アップする。

⑦挫折を味わったことのない者はいない。あなたが味わった挫折を思い出してみよう。そのなかでとくにつらかったものを選び、名前をつけてみるといいかもしれない。自分の意気地のなさやタイミングを逸したことから、またイニシアティブを取れなかったことからしでかした失敗をすべて水に流し、将来の自分を励ます肯定の言葉のリストを作ろう。

⑧自分で放棄したり、他人に妨害されてやめてしまったりした作品のなかで、救出できるものがないかどうかを穏やかな気持ちで探してみよう。挫折は、あなただけではなく、誰にでも起こることを忘れないように。もし救い出せそうなものがあったら、それを完成させてやろう。

⑨今、あなたが、創造性回復のコースを続けていくことに抵抗を感じているなら、それがどんな抵抗なのかを詳しく探っていこう。モーニング・ページを書くのがつらい？　ばからしい？　無意味に

思える？　あたりまえのことしか出てこない？　そんなふうに思っていても、続けてもらいたい。

⑩自分のトーテム像を選ぼう。人形でもいいし、動物の剥製《はくせい》、木彫りのオブジェ、ゼンマイ仕掛けのおもちゃなど、なんでもいい。なんであれ、あなたがそれによってたちどころにやさしい愛に包まれているように感じられることが大切なのだ。選んだら、それにぴったりの場所を探してやろう。

［チェック・イン］

①今週は何日、モーニング・ページをしましたか？　過去の自分の失敗を許す気になりましたか？

②今週、アーティスト・デートをしましたか？　その際、楽しむことに重点をおいたでしょうか？　あなたは何をし、どう感じましたか？

③今週、なんらかのシンクロニシティを体験しましたか？　どんな体験ですか？

④今週、あなたの創造性の回復にとって重要だと思われることが、ほかにありましたか？

第10週 守られているという感覚を取り戻す

今週は、創造の道の途中で、私たちを待ち伏せしている危険を探っていきます。創造性は霊性の道なので、危険の多くは霊的なものです。これからご紹介する文章、課題、エクササイズは、それぞれ創造性の流れをせき止める、私たちの有害な行動パターンを明らかにしていきます。

道に待ち構えている危険

創造性は、プリズムを通過する光のように、私たちを貫いて流れるエネルギーである。自分が何者で、何をしているのかがはっきりすると、そのエネルギーがよどみなく流れ、緊張をほぐしてくれる。ところが、エネルギーが語りかけてくるものに目をつむったり、その流れに抵抗したりすると、私たちは不安におそわれ、無力感を覚える。そうすると、力の感覚を取り戻そうと、いっそう創造のエネルギーの流れを遮断してしまう。精神的なエネルギーの流れに、いわば急ブレーキをかけるのだ。

創造に携わるすべての人は、創造性を妨げる手段を無数にもっている。そのなかでも、自分にとってとくに有害な二、三の方法は、効果が抜群ということで大切にされる。

食べ物が妨害の役割を果たすというタイプの人もいる。砂糖や脂っこいもの、ある種の炭水化物を摂取すると、頭がボーッとし、注意力が散漫になるので、エネルギーの流れや変化が妨げられる。とりわけ、身の回りの急激な変化についていけず、行き先に不安を感じはじめると、このタイプの人は食べ物に手を伸ばす。大盛りのアイスクリームや、栄養のないジャンク・フードを夜ごと食べていたら、心身の働きが鈍るのは当然だろう。

飲酒が、創造性を妨げる好みの手段になっている人たちもいる。ドラッグを使う者もいる。

そして多くの人が、仕事を創造性を阻む手段にしている！

彼らはいつも忙しそうにし、自分自身の感覚を麻痺させるために仕事にしがみつく。三十分程度の散歩さえ、「時間の無駄だ」と言ってしようとしない。そんな毎日が続くと、しなければならないことや雑用が、日なたのソーダ缶に群がるハエのごとく舞い込んでくる。たとえすばらしいひらめきが自分の中で起こったとしても、気づくことができない。

なかには、報われない愛を追い求めることで、創造するリスクから逃れようとする者もいる。「あの人が私を愛してさえくれれば……」というつらい思いにしがみつくことで、自分自身の重要なパワーから目をそらし、安易な愛の犠牲者になろうとする。そのような思いにとらわれてしまうと、他のことがいっさい耳に入らなくなり、遊びの計画でさえ、頭をもたげたとたん、刈り取られてしまう。「ダンスに出かけ

るですって？　もし、あの人が私を愛してさえくれれば、行く気になるんだけど……」

セックスが大きな障害になっている人も多い。セックスがもたらす官能的な魔力に取りつかれてしまうと、もてるイマジネーションのすべては、新たなセックスの相手をどうものにするか、という一点に絞られてしまうのだ。

ここで注意してほしいのは、食べ物、仕事、セックスなどは、どれもそれ自体はまったく問題ないということである。それらが、創造性を邪魔する障害になるのは、それなしではいられなくなったときである。自分をアーティストとして自認するなら、少なくとも自分がどんな手段で創造性をせき止めるかという認識がなければならない。創造性が、人間というストローを通して噴き出される宇宙の息のようなものだとしたら、創造の流れを遮断するとき、私たちはストローの口をつぶしてふさいでいるのだ。問題は、それを故意にしているということである。

自分の本当の力に気づきはじめると、目の前に、広大な可能性の領域が開かれる。それが私たちを脅かすのだ。それゆえ私たちは、成長の速度を緩めるために障害物に手を伸ばす。自分自身に正直であれば、自分にとって何が有害かわかるだろう。たいがい、当然の権利だと弁解したくなるものが、それにあたる。

自分の習慣を一つひとつ見直してみよう。やめると想像しただけで、怒りたくなるのはなんだろう？　もしあれば、それがあなたをもっとも大きく脱線させてきたものだと思ってさしつかえない。じっくりそれを見つめてみよう。自分のためにならないものは、自分がいちばんよく知っているはずだ。食べ物は逃げの手段になっていないだろうか？　仕事にかまけて自分を見失っていないだろうか？　セックスや恋愛にのめり込んで、自分の本当にやりたいことをおろそかにしていないだろうか？

自分を妨害する手段は、単独ではなく、組み合わせて使われるのが普通である。自分を妨害する目的は恐れを和らげることにある。私たちは空虚さから不安を感じると、かならず創造性を妨げる薬に手を出す。自分を自己妨害へと押しやるのは、他の感情を装っていることもあるが、つねに恐れなのだ。

妨害する手段は、偶然を装って転がり込んでくることも多い。「たまたま、彼女から電話があってさ……。おなかがすいていたところに、アイスクリームがあったの」「とびきり上等のマリワナをもって、彼がひょっこりやってきたんだよ……。本来の自分から目をそらせる気晴らしは、一時的には効果を発揮するが、長い目で見れば、自分のためにはならない。

創造性を妨げると、せき止められた水のように、私たちは停滞する。誰の心にも潜む正直な部分は、自分への裏切りの瞬間に気づいていて、すぐさま心の奥の黒板に、「またやってしまった」と小さく記録する。

自分で自分の創造性を阻んでいることを認め、それを手放すには、それなりの気骨と勇気が必要である。だが、妨害手段が功を奏しているうちは、そんなことをしたがる人は誰もいない。たとえ、効果がなくなってしばらくたってしまったあとでも懲りずに、「今度は効くんじゃないかしら」と期待する。

自分を妨害する行為は、煎《せん》じ詰めれば、自分を信じられるか否かという問題に行き着く。私たちは自分の直感、才能、技術、欲求を信じようとせず、内なる創造のエネルギーの流れに身を任せることを恐れる。そして、絵を描いたり、物を書いたり、ダンスをしたり、オーディションを受けたりする代わりに、一時的な気晴らしに走る。そうやって、不幸な自分を演出するのだ。というのも、幸福であるということは、多くの人にとって、コントロールがきかないリスクの多い状態だからである。

過食、働きすぎ、過剰なアルコールやセックス、その他のドラッグ、いかなる手段であれ、それらを用いて創造的な自分を妨害していることに気づくと、自分が何におびえているのかわかってくる。そうなると、逃げの手段は効果を発揮しなくなり、私たちは長い時間をかけて、最初はゆっくりとではあるが、不安を乗り越え、前に進みはじめる。そのとき、不安は創造的な行為に打ち込むための燃料に変わる。

ワーカホリックという逃げ道

ワーカホリック（仕事中毒）は一つの嗜癖である。すべての嗜癖と同じように、それは創造のエネルギーを妨げる。ほとばしる創造のエネルギーの流れを遮断したいという欲求が、嗜癖を生み出す根本的な理由なのだ。忙しすぎてモーニング・ページを書く暇やアーティスト・デートをする暇がない人々は、おそらく、創造したいという純粋な衝動の声も聞くことができないだろう。ラジオ受信機の例でいえば、ワーカホリックの人々は自分で引き起こしたごたごたによって、送られてくる信号を妨害するのだ。

ワーカホリックも嗜癖の一つとして認められたのはつい最近で、いまだに、社会的には奨励されているきらいがある。「私は働いています」というフレーズは、私たちの社[illegible]は[illegible]義名分として通っている。しかし、実際には、自分自身や配偶者と向き合うのを避け、自分の本心[illegible]めに働くケースが少なくない。

創造性回復のコースで、人々にモーニング・ページを書いてもらうのは比較的簡単な[illegible]ーティスト・デートで遊んでもらうのはなかなか難しい。「遊ぶ」ということが、ワーカホリックの人の[illegible]

わばらせてしまうのだ。彼らは楽しむのが怖いのである。

「もっと時間さえあれば、楽しめるのに」と私たちはよく口にするが、それが本音であることはめったにない。自分が毎週、どれくらいの時間を純粋な楽しみに割り当てているか自問してみるとよい。

創造性をせき止められたほとんどのアーティストにとって、楽しみは創造性と同じように、必死になって避けたくなるものの一つになっている。それは、楽しみというものが、人を創造的にし、自己主張を促し、自分自身の力を感じさせてくれるからにほかならない。そうしたことがじつは怖いのだ。「私の勤勉さは、ちょっと度を越しているかもしれません」と言いながら、「でも、私はワーカホリックなんかじゃありません」と言いたがる人は多い。そう言い切る前に、以下の質問に答えてみよう。


〈ワーカホリック診断〉

◎勤務時間以外に、何時間も働くことが――まったくない、めったにない、よくある。
◎デートより、仕事を優先させることが――まったくない、めったにない、よくある。
◎締め切り前に、遠出を控えることが――まったくない、めったにない、よくある。
◎休みの日も、家で仕事することが――まったくない、めったにない、よくある。
◎休暇にも、仕事をもって出かけることが――まったくない、めったにない、よくある。
◎休暇を取ることが――まったくない、めったにない、よくある。
◎親しい友人に、つきあいが悪いと言われることが――まったくない、めったにない、よくある。
◎一度に二つのことをやろうとすることが――まったくない、めったにない、よくある。

◎仕事と仕事の合間に、自由な時間を取ることが――まったくない、めったにない、よくある。
◎定刻どおりに仕事を終わらせることが――まったくない、めったにない、よくある。
◎未解決の問題の処理を遅らせることが――まったくない、めったにない、よくある。
◎一つの仕事の途中で同時に三つ以上の仕事をすることが――まったくない、めったにない、よくある。
◎夕食後、一家団欒の時間も仕事をすることが――まったくない、めったにない、よくある。
◎仕事中にかかってきた電話で長話をすることが――まったくない、めったにない、よくある。
◎一日の計画に、一時間の創造的な活動を含めることが――まったくない、めったにない、よくある。
◎仕事よりも、自分の創作の夢を優先させることが――まったくない、めったにない、よくある。
◎人の計画に賛成し、自分の空いた時間を提供することが――まったくない、めったにない、よくある。
◎休憩時間、何もしないでいることが――まったくない、めったにない、よくある。
◎忙しさを強調するために「締め切り」と口にすることが――まったくない、めったにない、よくある。
◎個人的なディナーに仕事の手帳などをもっていくことが――まったくない、めったにない、よくある。

自分を振りかえることができただろうか。創造性を回復するためには、ワーカホリックを必要なものではなく、本来の自分から目をそらすための手段として見なければならない。ワーカホリックはシンデレラ・コンプレックスを生み出す。いつも舞踏会を夢見ていながら、奴隷の気分を味わう心の傾向である。

仕事に逃げ込むことと、大切な目標に向かって一心不乱に努力することの間には、大きな違いがある。その違いは、費やされる時間の長さで決まるのではない。仕事をしている間の気持ちの充実感によって決まるのだ。

ワーカホリックに陥っている人の姿は、踏み車を踏む人に似ている。仕事にしがみつき、懸命にがんばりながら、恨みをつのらせている。ワーカホリックの人にとって仕事＝人生である。だから少しも手を抜けないのだ。

創造のエネルギーが流れる道をきれいにするには、自分の仕事の習慣をはっきりと見極めなければならない。実際、私たちは仕事にどれだけの時間を費やしているかがわかるまで、働きすぎだとは思わない。自分の仕事ぶりを通常の週四十時間の労働と比較してみるまで、普通だと思っているかもしれない。

自分が時間をどのように使っているかをはっきりさせるための一つの方法は、日々、自分の時間の過ごし方をチェックし、記録しておくことだろう。一日一時間、創造的な活動に当てる時間をつくるだけでも、仕事に対する構え方が違ってくる。

ワーカホリックが中毒かどうかを見極めるのが難しいのは、それがプロセスへの依存（物質ではなく行為への依存）だからだ。アルコール依存症者が酒を断つことによって、しらふになるように、ワーカホリックの人は働きすぎをやめることによって、本来の自分を取り戻す。

問題は働きすぎをどう定義するかだ。その点に関し、私たちは嗜癖になっている行為にしがみつくために、自分自身に平気で嘘をつく。

そうした正当化を防ぐためには、基本ルールを設けると便利である。基本ルールは、人によってまちまちだが、踏み越えてはならない行為を明確にしたものだと考えればいいだろう。漠然とした万人向けの解決策より、自分なりの具体的な行動の指針を立てたほうが、はるかに速い回復が見込まれる。

もし、本当に時間がないなら、ぜひ、空き時間をつくる必要がある。しかし、たいていの場合は、時間はあるが、使い方が間違っているのだ。時間をどのように使っているかを記録した日誌は、あなたが具体的な行動の指針を立て、基本ルールをつくる、つまり踏み越えてはならない境界線を引くための手がかりになるだろう。「最低、私は○○だけはしない」。それがあなたの境界線だ（今週の課題で取り上げている境界の設定を参考にしてもらいたい）。

創作に行き詰まったときと同じように、ワーカホリックから回復するときにも、友人たちの助けを借りる必要が出てくるかもしれない。彼らにあなたがどうしたいのかをはっきり告げるようにしよう。あなたが自分で掲げた目標からそれたときには、それとなく友人たちに指摘してもらうといいだろう。ただし、友人自身が、じつは折り紙つきのワーカホリックだったり、あなたを思いどおりにしようとしていちいち指図したがる人だと裏目に出る。これが「あなた」の問題であることを忘れないように。誰も、あなたを監視して回復させることなどできないのだ。

ワーカホリックをいましめる方法の一つとして、「ワーカホリックは創造性を遮断するだけで、何も生み出しはしない」と書いて仕事場に貼っておくという手がある。仕事場だけではなく、浴室の鏡、冷蔵庫のドア、枕元、車の中など、目につきやすい場所にも貼っておくといいだろう。

不毛の時期

どんな創造性に満ちた人生にも、不毛の時期というものがある。それはどこからともなく生じ、死の谷のように地の果てまで広がっていく。この時期、人生は無味乾燥になり、仕事は機械的でむなしく、強要されているようにしか感じられない。言うべきことは何もなく、押し黙っていたくなる。モーニング・ページを書くのがもっともつらいと同時に、もっとも貴重な時期でもある。

この時期、モーニング・ページに向き合うという単純な行為が、道のない砂漠を歩くのに似てくる。あてもなく一歩一歩、足を踏み出すしかないのだ。疑問がガラガラ蛇のように忍びよってきて、「そんなことをして、何になるんだ？　何をお前は期待しているんだ？」と耳打ちする。永遠に不毛な状態から抜け出せないのではないかと思えてくる。そして、まだ準備ができていないのに、まだ価値のあることを何一つやっていないのに、死の予感が蜃気楼《しんきろう》のように私たちの行く手に揺らめきはじめる。

こんなとき、どうすればいいのだろう？　よろめきながら進むしかないだろう。どのようにして進めばいいのだろう？　モーニング・ページをやりつづけることだ。これは作家のためだけにいっているのではない。創造的なことをしているすべての人々にとって、モーニング・ページは生命線である。それは私たちの探求の道であり、自分自身に立ち戻る道なのだ。

だが、創造の泉が渇いている間、私たちは自分の中に大いなる創造主が住んでいるということが信じられなくなる。心の中をのぞいても、不毛な砂漠が広がっているだけで、至るところに白骨が散らばっている。なんとか希望の印を見つけたいとあたりを見回しても、見えるのは道端に横たわる、ばかでかい夢の残骸だけである。それでもなお、私たちはモーニング・ページを書きつづける。それが自分になくてはならないものだからだ。

創造の泉が枯れてしまうのはひどいことである。風のないその季節、私たちは尽きることない疑惑の念に悩まされる。だが、突然、砂漠が花を咲かせるように、そうした悩みが思いがけない成長をもたらし、思いやりの気持ちを育みはじめる。

こうして、不毛の季節に終止符が打たれる。

絶望の中にあってもモーニング・ページを書きつづけていたことが、不毛の時期から抜け出す貴重な足がかりになったのだ。

創造に携わる人生では、不毛の時期はなくてはならないものだといってよい。砂漠で過ごすその時期、私たちは明晰さと思いやりを育む。あなたがもし今、不毛の時期に入っているなら、それもまた必要なものだと観念し、モーニング・ページを続けてもらいたい。

書くことは物事を整理することである。遅かれ早かれ（期待より遅いのが普通だが）、モーニング・ページは物事を整理してくれるだろう。そして、洞察が道しるべとなって、荒野からの出口を示してくれるだろう。ダンサー、脚本家、俳優、画家、劇作家、詩人、パフォーマンス・アーティスト、陶芸家……「ずっとやりたかったこと」を抱えているあらゆるアーティストにとって、モーニング・ページは未知なる荒野であるとともに、進むべき道でもあるのだ。

名声という麻薬

名声は、有名になることがアートの目的であるかのように思わせる。名声と成功は同じものではない。私たちも、心の奥では努力の果てに成功があると知っている。しかし名声を求めるのも、一種の嗜癖であり、つねに満たされない思いを残す。

名声は精神的な麻薬である。それは芸術作品の副産物としてもたらされることが多いが、核廃棄物のように、きわめて危険な副産物にもなりうる。名声への執着は、自分の将来を心配する「不安症候群」を生み出す。というのも、名声にこだわる人は、作品の出来を心配するのではなく、作品が他人にどう見られるかを心配するからだ。

作品のよしあしは、作品そのものの質によって決まる。ところが、名声にとらわれると、演技のために演技をするのではなく、有名な俳優になるために、演技をするようになる。書くことが好きだから書くのではなく、認められたいがために書くようになる。

人間は誰しも認められたいという願望を抱いている。だが、アーティストはいつも認められるとはかぎらない。そのため、名声にとらわれると、たえまない欠乏感につきまとわれることになる。名声という麻薬には、これで充分ということはない。「もっと」という願望が、絶えず私たちをせっつき、何をしてもまだ足りないという気分にさせる。しかも、人のしていることが異常に気になり、自分のしていることが楽しめないのだ。有名人のエピソード満載の雑誌を読んでみるといいかもしれない。もし、読み終わったあと、自分の人生がみじめで価値のないものに思えたら、名声欲にとらわれている証拠だと思ってよい。

「自分を貴重品のように大切に扱うことが、自分を成長させる」という言葉を思い出してもらいたい。もしあなたが名声という麻薬に汚されているなら、自分自身を大切にすることによって解毒する必要がある。自分に精いっぱいやさしくし、自分を好きになるような行動をとってみるのだ。「あなたはじつによくやっているわ」と書いたはがきを自分宛てに投函してみるのもいいだろう。自分自身からファン・レターをもらうのも、案外いいものだ。

結局、私たちは、自分で自分を認めたがっているのである。名声は手っ取り早く自分を肯定する手段にすぎない。それならあるがままの自分を肯定し、思いっきり自分自身を甘やかしてみよう。

私たちが心底、怖がっているのは、有名にならなければ、アーティストとして、あるいは人間として、愛してもらえないのではないかということだ。この恐怖を取り除くには、ささやかでもいいから具体的に自分自身を愛する行動をとるのが一番である。あくまでも根気よく、自分の中のアーティストを育ててやってほしい。

もし名声欲にとらわれたら、キャンバスやタイプライターに向かい、実際に創作にあたってみるといいだろう。カメラや粘土など、創作の道具を手に取り、ささやかな創造の遊びをしてみるのだ。

そうすれば、あっという間に、名声欲が薄れていくだろう。名声欲を癒す唯一の薬は創作に打ち込むことなのである。心底、楽しく創作に打ち込んでさえいれば、他人が何をしているかなど気にならなくなるはずだ。

競争心という麻薬

風のたよりや同窓会で、知人があなたよりもずっと成功を収めていることがわかったとしよう。そんなとき、あなたはどう思うだろう？「自分もやればできるんだ」と思えるだろうか？　残念ながら、ほとんどの人はそんなふうには思えず、嫉妬にかられ、悔しがる。

競争心も、やはり、精神的な麻薬だといっていい。競争心にかられると、私たちは自分自身の創造の井戸を汚し、成長するのをやめてしまう。他人の成功に気を奪われるあまり、自分の道を見失ってしまうのだ。そうなると、被害妄想的な考えばかりが浮かんでくる。

「なんで私って、こういつも貧乏くじを引くのかしら？　私がまだ作品（映画、本、戯曲なんでもいい）を発表できずにいるのに、彼が私を出しぬくなんて、差別じゃないかしら」「いったい、私、何をすればいいの？」といった疑問が次々にわいてくるのだ。

私たちはなによりも、今日は執筆がどれだけはかどったか、締め切りに間に合うように原稿を郵送したか、知り合いの輪を広げる努力をしたか、といったことをしっかり自分に確認しなければならない。ところが、他人との競争に心を奪われてしまうと、自分の足元が見えなくなってしまうのだ。揚げ句の果てに、自分が後れをとっている言い訳を探すようになる。「他の人がやってしまったことを、いまさらやってもしようがないわ。みんなコネがあるのよ。父親が金持ちだったり、エリートの出なのよね。なにしろ寝ていてもトップに上りつめられる連中だから……」

競争心は、創造性を妨げる多くの障害の足元に横たわっている。創造に携わる者が焦点を当てなければならないのは、今、何が流行しているかではなく、自分の内面が何を語りたがっているかである。作品が時代に先行していようがいまいが、注目されるときには注目されるのだ。

他人が先に行っていようが、どう評価されていようが、そんなことは考えるだけ無駄である。優劣にこだわれば、アーティストでありたいという純粋な気持ちはかき消され、私たちは自分を除外したところで防衛ごっこをするようになるだろう。そして、他人の目を基準にして、自分自身の創造性を推し量るようになるのだ。

比較対照する考え方は批評家には合っているかもしれないが、創造にかかわるアーティストには合っていない。トレンド予想は批評家に任せておけばいい。

アートは本来、創造の喜びを享受するためのものであり、創造性の豊かさを競うためのものではない。何かにつけて競争したがるエゴは、ほどほどでは満足できず、一番にならなければ気がすまない。作品は完璧に独創的でなければならないというのもエゴの要求である。どんな作品も他の作品の影響を受けずにはいられないし、どんな人間も他の人たちに影響される。誰一人として孤島であることはないし、いかなる作品も孤立した大陸ではありえないのである。

私たちが作品を見て感動するのは、それが自分自身の経験の何かに触れ、共鳴を引き起こすからにほかならない。私たちは、まったくなじみのないものを見いだすという意味では、新しいものを発見することはめったにない。ほとんどの場合、古いものに新しい光を当てることによって、それまで見えていなかったものを発見するのだ。

それでも独創的であるかどうかが気になるというなら、こう考えてみてはどうだろう。私たちはそれぞれが独自の国であり、興味深い訪問地である。私たちは自分のアートの源であり、祖国である。そのような観点に立てば、独創性とは自分自身に正直でありつづけることを意味しているとわかる。

競争の精神が、創造の精神と異なるのは、すぐに結果を求める点だ。この企画は進める価値があるだろうか？　絶対に成功間違いなしというのが一目瞭然でなければ、エゴは「ノー」と言うだろう。多くのヒットした作品が、成功確実に見えるのは、実際に成功しているからにすぎない。どんな傑作でも、成功したことがはっきりするまで、駄作と呼ばれていたことのほうがずっと多いのだ。

作品を熟成させるには時間が必要である。あまりにも性急な判断は、もしかしたら大きく成長するかもしれない作品の芽を摘み取ってしまうことになりかねない。どうか、羽が生えたばかりの作品のよしあしをあまり早く決めつけないでもらいたい。エゴはいやがるかもしれないが、下手でもどんどん積極的に絵を描いたり、文章を書いたりしてみよう。それで思わぬ発見をしたり、自分の方向性が見えてきたりすることもあるのだから。

他人に認められたいという欲求に振り回されないためには、自分を認めてやることを学ぶ必要がある。作品を人目にさらすのは、その重要な一歩となる。

［今週の課題］

①命取りゲーム。紙を細く切って七枚の短冊を作る。それぞれの短冊に、一語ずつ、「アルコール／ドラッグ／セックス／仕事／お金／食べ物／家族と友人」と書いたら、短冊をそれぞれ畳んで、別々の封筒に入れておく。この短冊を「命取り」と呼ぶことにしよう。そのわけは、すぐわかる。次に、命取りを一つ封筒から取り出し、裏面にその紙に書かれた命取りがあなたの人生にどのような悪影響を及ぼしてきたかを五つ書く。これは自分にはあてはまらないと思ったり、何を書けばいいのかわからなかったりした場合には、抵抗しているのだと思ったほうがよい。毎回、書き終えた短冊は封筒に戻して、同じことを七回やる。つまり、つねに七つの選択肢のなかから選ぶことになる。ご察しのとおり、あなたは繰り返し、同じものを引き当てるかもしれない。それが重要なのだ。

そのとき感じる「またか。もう二度といやだ」という感情が、その命取りの影響の程度を知る目安になるからだ。

②お気に入りの物のリストを作ってみよう。これは言ってみれば、あなたの幸せの試金石である。河原で拾ってきたすべすべした石、柳の木、綿の花、チコリー、本物のイタリアン・ブレッド、自家製の野菜スープ、ロックン・ロール、黒豆とライス、刈り取ったばかりの芝生の匂い、ブルー・ベルベット（生地と歌）、ミニーおばさんのクラム・パイ……。このリストを、あなたがそれを見てほっとできるところに貼っておく。リストを見ているうちに、そのなかの一つを描くか、実際に手に入れてみたくなるかもしれない。たとえば、ブルー・ベルベットが大好きなら、端切れをサイド・ボードやドレッサーの上に敷いてみよう。壁にとめ、その上に写真を貼ってみるのもいいだろう。そうやって、遊んでほしい。

③見たくない現実を見る。次の質問に正直に答えてほしい。

・あなたの創造性を邪魔している習慣とは？
・あなたが創造性を阻む障害だと考えているものはなんだろう？
・その習慣や障害に関し、こんなことをしてみようというプランはあるか？
・そうした障害にしがみついていることのメリットは何か？
・もし、どんなメリットがあるのかわからなかったら、信頼できる友人に聞くこと。
・あなたの自信を揺らがせる友人は誰？　自信の喪失は、すでにあなたの習性だが、彼らはそれをクローズ・アップさせる。

・友人のなかで、あなたの才能を信じてくれるのは誰？　あなたには、もともと才能はあるが、彼らはそれを実感させてくれる。
・自信を揺らがされる友人とつきあうことで、何か得るものがあるか？　もし、その人が好きだからと言うなら、その理由は？
・あなたに自信をなくさせる友人とあなたは、どんな共通点があるか？
・あなたの励ましとなる友人は、あなたのどんなよい面をクローズ・アップさせてくれるか？
④基本ルールを設定しよう。③の質問の答えを参考に、自分の基本ルールを定めてみよう。あなたの創造的な生活を妨げている行動パターンを五つあげ、それについての基本ルールをつくることからはじめてもらいたい。いつも残業で、夜の時間がつぶれてしまうなら、「夕方、六時以降は仕事をしない」と上司と取り決め、基本ルールにしよう。靴下を捜す、朝食を作る、アイロンがけといったことで中断されなければ、朝六時に起きて、一時間物を書けるというなら、「七時までは、母親業をやらない」という基本ルールが必要だろう。抱えている仕事の量が多すぎて、あまりに長時間拘束されているなら、あらためて自分の給料明細を見る必要がある。自分の働きに見合った給料をもらっているか？　情報を収集し、同じ職種の人たちの給料は、どの程度かをチェックしよう。できるだけ仕事の負担を減らすためには、「人づきあいやレジャーに仕事は持ち込まない」「夜、仕事の準備のために、愛の行為を犠牲にするようなことはしない」といった基本ルールをつくろう。
⑤自分を大切にする。まず、わずかでも自分を誇らしく思えることを五つあげる。次に自分の中のアーティストを育てるために、あなたがしたことを三つあげる。

次に自分の中のアーティストを慰めるために、あなたにできることを三つあげる。
次に自分に、三つの素敵な約束をし、それらを守る。
次に今週、一日に一回、自分がうれしくなることをしてあげる。

［チェック・イン］

①今週は何日、モーニング・ページをしましたか？　モーニング・ページを読み直すことで、あなたの書くものは変わってきましたか？　今でも、自由に書くようにしていますか？
②今週、アーティスト・デートをしましたか？　とくに、趣向を凝らしたことをしてみましたか？　それはどんなことで、どんな感じでしたか？
③今週、どういう形であれ、なんらかのシンクロニシティを体験しましたか？　どんな体験ですか？
④今週、あなたの創造性の回復にとって重要だと思われることが、ほかにありましたか？

第11週 自立の感覚を取り戻す

今週は、アーティストの自立に焦点を当てます。自分をアーティストとして受け入れ、育てていく方法を検討していくとともに、心を安定させ、創造のパワーを身につけるのに役立つ行動を探求します。私たちのめざす成功が、自由を妨げるものではないことも明らかになるでしょう。

ありのままの自分を受け入れる

私はひとりのアーティストとして、心の安定と経済的な安定のバランスをとっていく必要がある。人によっては、朝九時から夕方五時まで働いていたほうが、精神的にも経済的にも安定し、他の自由な時間に創作活動ができると考えるだろう。逆に、朝九時から夕方五時まで働くとエネルギーを消耗してしまい、創作する気になれないという人もいる。いずれにしろ、創造的な活動を続けるために、自分にどのようなライフスタイルが合っているかは、実際に試して、確かめなければならない。

アーティストの収入は安定していないのが普通である。年がら年中、無一文でいると決まっているわけではないが、収入に恵まれないときがあると覚悟しておいたほうがいい。よい作品がかならず売れるとはかぎらないし、たとえ売れても、支払いが遅れることもある。芸術作品の売買は、私たちとは無縁なところで行われており、作者の自由にはならないのだ。内なるアーティストに忠実であれば、作品が売れるかというと、かならずしもそうではない。だから、自分や作品の価値を、作品の値段で決めてはいけない。

お金がアーティストとしての信用を保証するという考えは、いまだに根強くある。しかし、お金が本当に芸術作品の価値を決めるなら、ゴーギャンは偽物だったことになる。アーティストである私は豪華な家をもてないかもしれないが、詩の本や歌、舞踏の作品、映画作品などはもてるだろう。

アーティストとしての信用が、自分と創造主と作品とにあることを心に刻んでおこう。言い換えれば、私たちは書きたい詩があるから書くのである。それが売れるかどうかは、また別の問題だ。

私たちは、創造せずにいられないものがあるから創造する。アーティストは経済的な利益だけを考えて、自らの方向性を決めることはできない。それが悪いと言っているのではない。けれども、お金の流れに心を奪われすぎると、内なるアーティストは窒息し、傷ついてしまうかもしれない。

内なるアーティストはいわば自然児である。したがって、言いなりにはなってくれず、ときに譲歩することも必要だ。とはいえ、つねに相手の言いなりになる必要はない。内なるアーティストがやりたがっていることをやらせてやれば、こちらがやらなければならないことにも協力してくれる。

自らの創造性を高めたければ、つきあう人を慎重に選ぶことが大切である。あなたの中のアーティストを「あなたのためよ」と称して抑えつけてしまうような人とはつきあわないほうが賢明だろう。友達には、あなたがより創造的になるのを助けてくれる人もいれば、逆に、邪魔をする人もいるのだ。

アーティストになるのに、かくかくしかじかの人間でなければならないという決まりはない。たとえば、料理はうまいが家事は苦手という人でも、よいアーティストにはなれる。私は書くことに関してはとてもうるさいが、他のことにはかなり大雑把で、靴や床をピカピカに磨くことにはあまり興味がない。

生き方とアートは切っても切れない関係にある。つまらない人生を送っていると、それが否応なく作品にも反映されるのだ。私がアーティストとしてさまざまなものに好奇心を抱くのは、人生にできるだけ彩りを添えたい思いがあるからにほかならない。ときに私は、パンクやゴスペルなど、他の人たちが見向きもしないものにまで興味を抱くことがある。

私はまた、髪にチリチリのパーマをかけたり、奇抜な服装をしたりするのも好きだ。香水はあまり好きではないが、かわいいブルーの瓶に入った香水に大金をかけたりすることはある。その瓶を見ていると、一九三〇年代のパリの風景が目の前に浮かんできて、ペンが走るのだ。アーティストである私は、出来のよしあしにかかわらず物を書き、他人に嫌われようが、映画を撮る。自分がこんなところにいて、こんなことをしていた、ということをわかってもらうために、下手なスケッチを描くこともある。

アーティストとしての私の自尊心は、作品を作ることによってしか育めない。アーティストはパフォーマンスにしろ、音楽のセッションにしろ、絵画にしろ、とにかく創作しなければはじまらないのだ。私は九十分の映画を作るのに二年半かけたこともあるし、一つの戯曲に五本の草案を書いたこともある。その間、毎日、モーニング・ページに向かい、悪趣味なカーテンやひどいヘア・カットについて、また朝のランニングのときに樹木に当たる光を見てうれしくなったことについて、書いていた。

アーティストである私は金持ちになる必要はないが、作品を作るための豊かな資金源は必要である。作品を作れないと、私は精神的にも情緒的にも行き詰まり、しだいに気分がすさんでいき、落ち込んでしまう。内なるアーティストを無視することは、私にとって、憂うつになることを意味しているのだ。

創造性は私たちの魂を生かしてくれる酸素のようなものだ。創造的な活動をする道を断たれると私たちは獰猛《どうもう》になり、苦し紛れの行動をとるようになる。さもなければ、自虐的になり、過食症やセックスの依存症に走りやすい。自分の行動をよく振り返り、創造的な欲求に目をつむっていないか探ってみてほしい。自信がないからという理由で、自分の夢を捨ててしまうのは、自分自身に責任をもたないということである。創造的に生きるかどうかを決めるのはあなた自身であって、まわりの人や友人ではないのだ。

私たちは、創造的であるように生まれついている。創造することは私たちの自然な本性なのだ。それを素直に受け入れることが、ありのままの自分を受け入れる第一歩となる。

成功はゴールではない

創造性の探求は霊的な道である。その道はどこまでも続いており、これで終わりということはない。もちろん、作品が完成したり、成功を収めたりすることはあるだろう。しかし、ある目標に達しても、また新たな課題を突きつけられるというのが、この道の特徴なのだ。

別な言い方をするなら、目標に到達したとたん、その目標が消え失せる。どんなにすばらしい作品を完成させても、それで完璧に満たされることはなく、ふたたび、創造の渇きに直面させられる。創作に打ち込んでいる間、忘れていた「さて、次に何をしようか？」という疑問がふたたび頭をもたげるのだ。

こうして、飽くなき創造への欲求が生まれ、現状に甘んじてしまうのを許さない。立ち止まることはできないのである。立ち止まろうとすると（多くの人がそうしたい誘惑にかられるが）、たちまち不満やいらだちにおそわれる。アーティストは精神的に鮫《さめ》にたとえられるかもしれない。動きつづけなければ、底に沈んで死んでしまうからだ。初心に立ち返るか、それとも成功の椅子にふんぞりかえるか、選択は二つに一つしかない。だが、クリエイティブな人生を維持したいのなら、初心に戻る謙虚さが必要だ。

すぐれたアーティストかどうかは、初心に立ち戻る勇気をもっているかいないかで決まる。ある分野の巨匠と目されている私の友人は、あるとき何年も先の仕事までびっしりと埋まってしまっている状況に気づいた。彼は人のうらやむほどの高給を取っていたが、アーティストとしては決して好ましい状況ではないと思った。三年ごしのプロジェクトにしても、最初のころと同じような情熱で取り組めるか、正直言って自信がなかった。そこで、彼は損を覚悟で仕事を減らし、リスクは大きいがアーティストとしてためになる仕事に精を出しはじめた。もちろん私たちがみな、金の成る木を捨ててまで、自分の創造性に賭ける勇気を奮い起こせるかどうかはわからない。だが、努力することはできる。せめて、そうした心意気だけはもちたい。アーティストは旅人のようなものである。世俗的な価値観にどっぷりつかり、地位や身分にばかり心を奪われると、内的な導きにこたえることができない。

たしかに、アートからビジネスが派生することは少なくない。だが、創造という行為はビジネスのためにやるものではない。儲《もう》かるからという理由で、過去のヒット作の複製を延々と作ってばかりいたらどうなるだろう。ビジネス上、そうしたくなる気持ちもわからないではない。しかし、どんなに独創的な作品でも、同様なものを作りつづければ、やがて飽きられてしまうのは目に見えている。ヒットした映画の続編を作る、ベストセラー本の類書を出す、売れっ子の画家が似たような絵を描きつづける……こうしたことはすべてビジネスの要請で起こる。陶芸家、作曲家、バレエの振付師などにとっても事情は同じである。いったん成功を収めると、売らんがために、同じ表現の繰り返しを求められるのだ。しかし、それを受け入れるかどうかは、アーティストの選択にかかっている。

成功したアーティストにとって重要なのは、未来を抵当に入れないことである。大金が得られるから、二年間、あまり気乗りがしない仕事をするのは、かなり高い買い物だと肝に銘じておくべきだろう。編集者はベストセラーねらいをやめるべきだとか、映画会社はビジネス優先の考えを改めるべきだといっているのではない。アーティストが創造的でありつづけるには、売れ筋だけを手がけるのではなく、創作する人間として満足のいく仕事も手がけていかなければならないといっているのである。そのためには、モーニング・ページやアーティスト・デートを通して、日々、自分の創造の源と触れる時間を確保する必要がある。このささやかな日々の努力が、長い目で見れば豊かな創造性の開花へとつながっていく。

内なるアーティストを無視すると、その代償がすぐに外側の世界に現れる。創造行為が機械的になって生気を失い、創造が少しも楽しくなくなる。その結果、作品の魅力も失われ、経済的にも下降線をたどらざるをえない。経済的に安定を図ったことが裏目に出てしまうのである。疲労感だけが濃くなっていくのは、創造したいからするのではなく、無理やり自分を駆りたてて創造に向かわせることが多くなるからだ。

才能のあるアーティストにとって、ビジネス・パートナーの注文にこたえるのは、それほど難しくはない。それよりもはるかに難しく、重要なのは、自分自身の創造性を磨くための内的な欲求に、どうやってこたえつづけるかなのだ。つまり、成功しても、安穏としてはいられないということである。いつまでも人々の注目を浴びつづけたいなどと思えば、かならずそこには失敗が待っている。

心を動かすために、体を動かす

創造性をせき止められている人は、頭でっかちなことが多い。自分のしたいことはわかっているのだが、実行に移せないのだ。創造性を回復しはじめている人でも、行動に踏み切れる人は少ない。自分の体を使って創作できるようになるために、まず、自分の体を動かすことを覚えることだ。

東洋の瞑想法は体を使って自分の内面を探る方法であり、創造性を回復するための有効な武器になる。だが、瞑想法だけを取り入れると、至福や精神的な高揚を追い求めるあまり、体をないがしろにするきらいがある。その点、種々の運動は、霊的な方法が招きやすい欠点を補うことができる。

創造的に生きるには、自分を表現するための充分なエネルギーが必要だ。エネルギーを高める一つの手段として、一日に二十分程度、散歩してみてはどうだろう。歩くという行為は私たちを「今」に連れ戻し、妄想に歯止めをかける役割を果たす。その意味で、散歩は「歩く瞑想」になりうるのだ。目的はあくまでも心のストレッチングであり、結果的には体のフィットネスになっても、それを強調する必要はない。

毎朝、出社前にジョギングをしているジェニーを紹介しよう。

朝、六時半。短い草むらの中の寝床から、大きなアオサギが起き出し、巨大な翼をリズミカルにはばたかせて、川の上空へと舞い上がる。眼下を見下ろすと、ジェニーがこちらを見上げながら、朝のジョギングをしている。規則的な足の運びが、彼女の体をやすやすと前に進ませていく。上空に舞い上がったジェニーのスピリットが、「おはよう、気持ちがいいわね」とアオサギに向かってささやく。そのとき、ジェニーと鳥は一つに結ばれる。流れる雲の下、そよ風にざわめく木立の上を、ジェニーのスピリットとアオサギがのびのびと幸せそうに飛び回る。

午後四時半。ジェニーのオフィスに上司が顔を出す。新しい顧客が気難しい人で、彼女の書いたコピーになかなかOKを出してくれないらしい。「書き直してくれないか?」と上司に頼まれたジェニーは、「いいわ」と答える。朝のジョギングの高揚した気分がまだ続いているから平気なのだ。

ジェニーは運動選手ではない。マラソンに参加することもないし、同好の志といっしょに走るわけでもない。走る距離は徐々に延び、腿《もも》のあたりがだいぶ締まってきたが、彼女はフィットネスのために走っているのではない。自分の魂によかれと思って走っているのである。そのおかげで、彼女は日々の緊張から解き放たれ、楽に生きているように見える。「物事を大局的に見られるようになるために走っているんです」とジェニーは言う。自分の書いたものにけちをつけられると、ジェニーはアオサギのように、いらだつ自分から飛び立ち、上空へと舞い上がる。けなされたことを気にしないからではない。窮地に陥った自分を鳥のように上空から俯瞰《ふかん》することで、目先の感情にとらわれないようにしているのだ。

小説家のイブ・バビッツは、毎日、泳ぐことを欠かさない。長身で抜群のプロポーションをした金髪のバビッツが泳ぐのは、心の中の交通渋滞を整理するためである。「スイミングは作家にとってすばらしいスポーツです」と彼女は言う。淡い青緑色の水をたたえた近所のプールに泳ぎに行くたびに、彼女は自分の心の中に飛び込み、「支払いの遅い出版社は……？」「どうしてタイピストは何度注意してもミスが減らないの？」といった日々の雑念をやりすごし、心の奥のインスピレーションのたまり場へと降りていく。泳ぐというリズミカルな動作の反復が、論理脳の働きを静め、アーティスト脳の働きを活発にさせるのだ。

マーサは現場に自転車で通う大工さんだ。大工仕事は彼女にとって、日々、挑戦である。次々に出てくる工法上の問題や、やっかいな設計上の問題を解決していかなければならない。「仕事場を造ってほしいんだけど、普通の部屋としても使えるようにしてもらいたいの」「この隅に置ける、いいキャビネットがないかしら。あまりモダンだと、私の家具とは合わないと思うんだけど」。郊外にある自宅から、街中の現場に向かって自転車のペダルをこいでいると、こうした顧客のリクエストへの答えが、視界を横切る鳥のように浮かんでくるのだという。「そうだ、あそこは鎧《よろい》張りのドアにすればいいわ」

リズミカルに繰り返しペダルをこぐことで、マーサは創造の井戸からイメージをくみ上げているのだ。「想像の羽を伸ばし、自由に振る舞わせてやるんです。そうすれば、答えがひとりでにやってきます。連想が自由に働き、物事が収まるべきところに収まるんです」

運動はやることに意味がある。それは、小さなことでも一生懸命やれば満足できるのだと教えてくれる。ジェニーは、走ることで自分の可能性を広げ、予期せぬ内的な力に触れることを学んだ。マーサは、そのような力を「神」と呼ぶかもしれない。だが、どんな呼び方をするにせよ、体を動かすことは自分の中の力と出合う機会になる。創作に行き詰まったときも、体を動かせば、思わぬ解決の糸口が見えてくる。

「人生はハードルの連続よ」と言うリビーは、乗馬が趣味の画家である。「これまでは人生を障害の連続と見ていたの。でも今は、チャレンジだと思っている。要はそれをどうクリアするかね」。日々の調教で、馬にタイミングを計ることや、毎日コツコツと練習する大切さを教えているが、同じことが自分の人生にもあてはまると、彼女は学んだ。

彼女が学んだ忍耐力の一部は、世界を動かしている創造性の感覚に触れることと関係している。「馬に乗っていると、合理的に考える心が静まり、世界が身近に感じられるの。小麦の穂のうぶ毛を舞い上がらせながら、馬に乗って草原を駆けていると、歌い出したい気分になるわ。雪原を馬で走ると、雄鶏の尻尾《しっぽ》のように雪が後ろに舞い上がり、太陽の光を受けてキラキラと輝くの。そんな瞬間を体験していると人生をありのままに生きる大切さがわかってくるわ。日々、自分が祝福されている気分になれるのよ」

リビーの気分の高揚は、自然との交流でもたらされたものだ。だが、彼女が体験したようなナチュラル・ハイは、体を動かすことによって脳内に分泌される、エンドルフィンという物質によって引き起こされる。都会のうす汚れた通りをジョギングする人も、草原を馬に乗って駆け抜けるリビーと同じような気分を味わうことがあるのだ。

「天国に神がいれば、すべてはうまくいく」と詩人のロバート・ブラウニングは長編詩「ピパは過ぎ行く」の中で歌っている。ピパが通りを歩いているときに、そのような感覚を覚えたのは偶然ではない。誰もが馬や十段変速の自転車を乗り回せるわけではないが、ジョギングをしたり、散歩を一つのスポーツとしてやることはできる。散歩は、アーティストにとって、感覚を磨くとてもよい機会になる。物事をじっくり観察できるからだ。自分の目で見ることは、創造の井戸を満たし、洞察力を磨く訓練になるのだ。

ゲリーは根っからの都会人である。都会は緑に乏しい。散歩しても見かけるのは、せいぜいベランダとか窓辺に置かれた植木鉢や、ビルの谷間にある小さな花壇ぐらいのものである。だが、都会では、道行く人々が興味深い風景になることを彼は発見した。また、下を見るのではなく、上を見上げれば、ビルを引き立てる華やかな装飾や彫り物などが目に入り、楽しませてくれることも発見した。

実際、ビルの谷間をさまよっていると、興味深いものにたくさん出くわす。赤とピンクのゼラニウムの鉢植えが置かれた窓辺に座る、オレンジ色のしま猫、土砂降りの雨に打たれて鈍い光沢を放つ、濃い緑青色に変色した教会の銅葺《どうぶ》きの屋根、オフィス街のビルのガラス戸ごしに見える、豪華な象嵌《ぞうがん》装飾をほどこした大理石のロビー、何者かがアスファルトの道路に埋め込んだ幸運の馬蹄《ばてい》、堂々とした煉瓦《れんが》造りの玄関の上にそびえ立つミニチュアの自由の女神像……こうした風景を見ながら気ままに歩いていると、田舎の散歩道を歩いているときとは違った自由の感覚に満たされるとゲリーは言う。

前にも述べたように、私たちは行くことによって、どこに行くべきかを知る。運動はしばしば、「行くこと」につながる。水泳や乗馬やジョギングを通して、体を動かしていると、インスピレーションがわいてきたり、問題解決の糸口が見えてきたり、自分を信頼する気持ちが出てきたりすることがよくあるのだ。「運動」(exercise)という言葉の定義にも、そのことがずばり書かれている。「運動＝楽しみをもたらす行為。もしくは、行動を通して理解すること」(ウェブスター辞典九版)

アーティストの祭壇を作る

モーニング・ページは、ひとりになって、深く自分を省みる行為である。それを日々行うことが、創造性を育む糧《かて》となる。気軽に楽しく創造的でありつづけるには、精神的なよりどころが必要だ。そのために、自分なりの祭壇を作ってみてはどうだろう。何かの宗教の祭壇をまねするのではなく、あくまでも自分にとって楽しく神聖に感じられるもので作ってみよう。

創造的になれずにいる人のなかには、厳しい宗教的な環境で育てられた経験をもつ人も多い。創造性を取り戻すには、過去の経験で受けた傷を癒し、独自の儀式を通して、自分の霊性を養ってやらなければならない。

一つの部屋を聖なる場所と定め、自分を幸せにしてくれるもので飾ってみよう。もし部屋が無理なら、部屋の一角や階段の下の小さなスペースでも、窓枠や棚でもいい。

要は、私たちの創造性を花開かせてくれる創造主の存在を認め、敬うことのできる場所になればいいのだ。これはアーティストの祭壇なのだから、祭壇はおごそかで地味でなければならないという古い考えにとらわれる必要はない。

かわいい木の葉、いろいろな形の石、キャンドル、貝殻……すべてが創造主を思い出させ、祝福する供物になる。自分で編み出したささやかな儀式は、魂の栄養になる。お香を焚き、キャンドルを灯《とも》したところで、自分を肯定する言葉を書いたり、読み上げたりしてみよう。ドラム音楽に合わせてダンスを踊ったり、滑らかな石を手にしながら、グレゴリオ聖歌を聴いたりするのもいいだろう。私たちの感覚に訴えることすべてが、心の成長を促すのだ。

あなたの中のアーティストは、音楽やダンスや香りといった魂の言葉を好む。だから、創造主を祭る祭壇は、たとえばかばかしくても、見て楽しめるものにしたほうがいいだろう。

［今週の課題］

①自分で13ページの「創造の原理」を読んでテープに録音する。本書の中から気に入ったところを一つ選んで、それも録音しておこう。瞑想のときにそれらのテープを聞く。

②四週目で自分用に作成した「アーティストの祈り」を、手書きで全文書き出し、財布に入れておく。

③特別なノートを一冊購入し、一ページから七ページまで番号をふる。次に各ページの頭にそれぞれ健康、持ち物、レジャー、人間関係、創造性、仕事、霊性という項目を書く。そして、各項目ごとに、十の願い事をリスト・アップする。実現できるかどうかは気にせず、自分にちょっと夢を見させてやろう。

④四週目の冒頭、『大丈夫な』ふりをやめる」のところを読み返し、このコースをはじめてからあなたがどう変わったかを箇条書きにしてみよう。

⑤このままいけば、自分がどう変わっていくかを五つリスト・アップする。

⑥これから先の半年間、自分自身をどう大事に育てたいかを五つリスト・アップする。習いたいこと、自分に買ってあげたい物、アーティスト・デート、そして自分のためだけの休暇など……。

⑦紙に、自分を育てるための一週間の計画を記入する。つまり、一週間、毎日、自分に愛情を注ぐ具体的な行動を起こすということ。惜しみなくやってほしい！

⑧自分の中のアーティストに励ましの手紙を書き、できれば投函する。ばかげているようだが、もらってみると、じつに、いいものだ。あなたの中のアーティストは子どもであり、ほめられたり励まされたり、はしゃぐのが大好きなことを思い出そう。

⑨もう一度、自分の「神」に対する考え方を再検討してみよう。あなたの信仰心は、創造性の向上を助けてくれるだろうか、それとも妨げるだろうか？　あなたは神に対する考え方を変えられるだろうか？

⑩創造性の回復に役立ったシンクロニシティの例を十あげる。

［チェック・イン］

①今週は何日、モーニング・ページをしましたか？　どんな感じを受けましたか？　誰か他の人に、モーニング・ページをすすめましたか？　もしすすめたなら、どうしてですか？

②今週、アーティスト・デートをしましたか？　丸一日、アーティスト・デートにあてたことがありますか？　あなたは何をし、どう感じましたか？

③今週、なんらかのシンクロニシティを体験しましたか？　どんな体験ですか？

④今週、あなたの創造性の回復にとって重要だと思われることが、ほかにありましたか？

第12週

信じる心を取り戻す

いよいよ最後の週です。今週は、神秘的な創造性の核心に迫ります。創造性とは、受容する心と深い信頼を必要としているという事実を見ていきます。それらの能力はこのコースを通じて私たちが育もうとしてきたものです。しかし、私たちの前には、まだ自由な創作活動を妨げる最後の障害が待っています。それを乗り切るには、新たな方法で基本ツールを使うことが必要になります。

信頼するということ

「未知の世界に踏み込まなければ、冒険ははじまらない。その第一歩は、信じることである」——ミッキー・ハート（ドラマー／グレイトフル・デッド）

何かを創造するには、信じることを知らなければならない。信じるには、物事を操作しようとせず、起

ころがままに任せる勇気が必要である。ところが、それがなかなか難しいことなのだ。私たちはどうしても物事を自分の思いどおりにしたがり、それがうまくいかないと、心穏やかではいられなくなる。

物事をあるがままに受け入れる勇気を養うには、まず、自分の目や耳を信じることが必要だろう。次に、心の中でささやく導きの声に逆らわないことだ。その声は、私たちの進むべき道を示唆してくれる。

私たちが内的な導きに抵抗しようとするのは、「ときとして、宇宙の意志と自分自身の夢とは一致する」という考えになじんでいないからだろう。私たちの耳に飛び込んでくる文化的メッセージは、人生を否定的にとらえているものが多い。しかし、宇宙は決して私たちを否定しようとはしていない。それどころか、私たちが豊かに生きるのを支えてくれようとしているのだ。

ミッキー・ハートの英雄であり教師でもある偉大なる神話学者、ジョセフ・キャンベルは、晩年、こう書いている。「あなたの至福の思いに従いなさい。そうすれば、それまで扉がなかったところに扉が開くでしょう」。宇宙に支援してもらいたかったら、自分自身に正直になって、自分の夢に従うのが一番である。私たちが迷って心を分裂させると、宇宙も分裂し、気まぐれな姿を見せる。すると人生の流れは浮き沈みが激しくなり、しだいに不毛の時期が長くなっていく。

世界が気まぐれで信じられないと思っていたころを振り返ってみてもらいたい。自分自身も迷い、葛藤していたことがわかるだろう。自分の本当の気持ちや目標を肯定してやれば、宇宙もそれを反映し、後押ししてくれるのだ。

それぞれの人にはそれぞれの道がある。自分にふさわしい道に踏み出せば、次に何をすべきか見えてくる。私たちは信じることによって、信じることを学ぶのである。

創造性は、神秘の闇の中で育つ

創造性は人生そのものと同じように暗闇ではじまる。そのことをよく知っておく必要がある。私たちはよく思考を光にたとえようとする。「そのとき、頭の中にぱっと電気がついて、ひらめいたんだ！」。たしかに、アイディアは閃光《せんこう》のようなひらめきとなって訪れる。そのようなひらめきが、ときにまぶしすぎると感じられるのも嘘ではない。けれども、ひらめきは突然、わいてくるわけではない。私たちの心の暗闇の中で、出ていく機会をじっとうかがう、潜伏期というものをもっているのだ。

アイディアもまた、心の子どもだと考えるといいかもしれない。心の子どもも、普通の赤ん坊と同じように、創造の子宮から時期尚早に取り出すべきではないということに私たちは気づいていない。アイディアは、鍾乳石《しょうにゅうせき》や石筍《せきじゅん》のように、意識の暗い闇の中で徐々に形成されていく。それらは何かを積み上げることではなく、したたりおちる滴《しずく》によって形成されるのだ。

私たちは、アイディアが孵化《ふか》するのを待つことを覚えなくてはいけない。ガーデニングにたとえるなら、アイディアが成長しているかどうかを確かめるために、いちいち根っこを引き抜いていたら、アイディアそのものが萎《しぼ》んでしまう。

モーニング・ページは一つの無邪気なアートだといっていいかもしれない。私たちは、いたずら書きと同じように、あてもなくただ書きつづける。そうしていると、アイディアがゆっくりと形をなしていく。私たちは、アイディアが植物のようにゆっくりと成長するのを見守ろうとせず、何かにつけていじくりまわしたがる。だが、操作しようとすればするほど、本来の創造のプロセスから離れていく。創造は物事を操作することによってではなく、ありのままに物事を受け入れることによって可能になるのだ。

創造性の核心には驚異の感覚を伴う神秘が横たわっている。私たちが創造的でありたいと言うとき、そこには生産できるようになりたいという願望が込められている。たしかに、創造的であるということは生産的であるということである。だが、それは創造のプロセスと協力して何かを生み出すという意味で、無理やり、何かをひねり出すのではない。

アイディアが神秘の闇の中で成長するのをじっくり見守ってやろう。やがてそれが成熟し、いつの日かモーニング・ページに滴としてしたたってくるのを待とう。いつ落ちてくるかわからない滴を待っていると、ある日、突然、「おお、これだ!」というひらめきに打たれるのだ。

イマジネーションの遊び

私たちが関心を寄せる創造性は「芸術」に限定されるわけではない。いわゆる「趣味」と呼ばれるものも、人生を創造的に生きるための重要な手段となる。

私は脚本の書き方を教えるクラスをもっているが、脚本の中盤で行き詰まった生徒がいると、なんでもいいから、家事をするようにすすめている。すると、たいていの生徒は、とまどい、なぜそんな平凡な仕事をしなければならないのかと腹を立てる。けれども、縫い物などはじつは、脚本の構想を練るのにうってつけなのだ。

私が生徒たちによくすすめるもう一つの趣味は、ガーデニングである。たとえば、新しい創造的な人生の半ばで怖じ気づいたら、小さな鉢植えを大きな鉢に植え替えてみるのだ。すると、文字どおり、足元が固まったような気がし、気持ちが大きくなる。

趣味は精神的な利点も伴っている。趣味に精を出していると、私たちはエゴの欲求から解き放たれて謙虚になり、大いなる源と一体になれるのだ。すると、個人的な問題や創作上の問題を解決する視点をもつことができる。

遊びを覚えるのに一生懸命にならなければならないというのは、創造性を回復するときのパラドックスだといえよう。創造性を狭い芸術の枠組みから解き放ち、多彩な遊びを含むものとして認識しなおす必要があるのだ。モーニング・ページを書き、アーティスト・デートを重ねていくと、忘れてしまっていた過去の創造の体験が蘇ってくることがある。

◎高校時代、どんな絵を描いていたかは覚えてはいないが、演劇部で背景画を描くのは好きだった！

◎ギリシャ悲劇のヒロイン、アンティゴネを演じたのを突然、思い出した。なんで忘れられよう？　うまくやれたかどうかはさておき、演じていて楽しかったのは今でも覚えている。

◎十歳のとき、寸劇を書いたのをすっかり忘れていた。内容はどうであれ、全編にラベルの「ボレロ」をつけて、兄や姉たちを居間に集めて聞かせたところ、ひじょうに喜ばれた。

◎昔、タップ・ダンスをやっていた。まあ、今となっては信じてもらえないだろうが、これでも昔はちょっとしたものだったんだ！

モーニング・ページを通して、自分の否定してきた部分を掘り返していくと、忘れていた記憶や夢、創作のアイディアなどが次々と意識の表面に浮かび上がってくる。自分がいかに創造的な生き物であったかを、そのとき私たちは再発見する。どんな人の中にも、創造への衝動があり、たえず煮えたぎっている。ただ、そのことに気づいていないだけだ。それは意識の表面の下を漂いながら、雪の下で芽吹く草花の芽のように、突然、ひらめきとなって思考の中に現れる。

私たちは創造するように生まれついている。キッチンが見すぼらしいと思えば改装し、休日には猫に蝶《ちょう》結《むす》びのリボンをつけ、スープをおいしくするには何を入れればいいかを工夫する。幼いころ、いろいろなものを混ぜて香りを生み出す遊びをしていた子どもは、大人になるとクリスマス用の香辛料を作るようになる。

どんなに自分を抑え、夢を見ないでいようとしても、夢の炎は消えてしまうことはない。埋《うず》み火が、凍《い》てついた魂の中でくすぶりつづけ、燃えあがるときを待っているのだ。退屈な会議の間に書くでたらめないたずら書き、オフィスの掲示板に貼りつけられたばかげたカード、上司につけた茶目っ気たっぷりのあだ名、多すぎるくらい植えられた花……こうしたものはみな、魂の中でくすぶりつづけている埋み火のなせるわざだといっていいだろう。

とにかくモーニング・ページを続けてもらいたい。続けていれば、きっと自分自身の変化に気づく。それまでさほど好きでもなかったピンクが突然、好きになる。クロゼットや棚をすっきりかたづけたくなる。すり切れた靴を捨てる。ガレージセールをする。初版の本を買う。新しい上質なシーツをふんぱつする。数年ぶりの休暇をとる。ミュージアム・ショップに立ち寄る、スキューバ・ダイビングのクラスに申し込む……。

あなたは正気を失ってしまったわけではない。魂に触れる体験をしはじめているのだ。

自分の望みを大切に育てるために

私の友人、ミッシェルは長い恋愛の修羅場を通して、貴重な発見をした。私たちが何か大切なことをやろうとすると、決心を揺るがすような事態が生じ、それに影響されやすいということである。

「NASAの宇宙ロケットの打ち上げのときのように、発射時刻が迫ってくると、人は自ら試練を引き寄せるんです」

「試練なの？」

「そう。試練です。あなたをまともに扱ってくれる素敵な男性との結婚が準備万端整ったとしましょう。すると、毒のある男性が先回りして、あなたに電話をしてくるんです」

「それで？」

「重要なのは、その試練を回避するということです。私たちは誰でも、自分のまったく手におえない試練を引き寄せてしまうんです」

弁護士であり、副業で作家をしているミッシェルは「陰謀」という考えを好んでおり、私たちは知らず知らずのうちに「陰謀」に巻き込まれやすいと指摘する。

「考えてみてください。あなたが大事な仕事で西海岸に出張する段になると、夫が突然、さしたる理由もないのに、行かれちゃ困ると言い出すんです……あなたがいやでたまらない仕事とおさらばしようと決心するや、上司が、突如、五年目にしてはじめての昇給を匂わせるんです……だまされちゃいけません」

ミッシェルの話を聞いていると、法廷弁護士としての長年の経験が、彼女の作家活動に大きく役立っていることは明らかだった。少なくとも、彼女はもうだまされはしなかった。しかし、私たちは、本当に自らを試す試練を招き寄せるのだろうか？　私は、ミッシェルに言われたことを一言一句考えてみて、まさにそのとおりだと思った。

私も始終、だまされていると感じてきた。契約を破っては、巧みにあやまるエージェント、内容が薄っぺらになるまで何度も書き直しを命じる編集者、そういう編集者にかぎって、ほめるのがうまく、あなたは我が社の星だと平気で言ったりするのだ。

ちょっとしたお世辞は、小額の現金と同じで、私たちの足を引きとめる力をもっている。しかし、そのいずれよりもっとタチが悪いのは、あなたの身近な人や信頼している人が「あなたのため」と称して投げかける「本当によくよく考えて決めたことなの？」という問いである。

創造性を回復しつつある人は、よい仕事に恵まれたとき、「人の楽しみにケチをつける」身近な人にそのことを伝えずにはいられなくなる傾向がある。もっとも疑《うたぐ》り深い友人に自分の熱意を語ってしまうのだ。逆に、偶然向こうから電話がかかってきたりする。それもまた一つの試練だといってよい。

まだ子どもの内なるアーティストが、怖くなったときに頼れるのは母親だ。ところが、不幸にも、多くの母親は子どもの熱意に水を差す役割を果たす。しかも、私たちの周囲には、母親に代わって、足を引っ張ろうとする人が手ぐすねを引いて待ち構えている。要は、彼らに、そんなことをさせないことだ。

そのためには沈黙を守り、手の内を明かさないようにしなければならない。魔法の第一ルールは、「口を滑らせないこと」。自分の望みを胸の内にしまっておき、大切に育てることが必要なのだ。そのようにしてはじめて、自分の望みをかなえることができる。

自分の道をふさぐ障害から逃れたければ、自分の意見を軽々しく明かさず、疑り深い人たちの間では沈黙を守り、自分を理解してくれる人を正確に見抜き、その人たちだけに自分の考えを述べる術を学ばなければならない。

そのために、リストを作ってみたらどうだろう。自分を応援してくれる友人のリストと、自分の足を引っ張ろうとする友人のリストである。後者の友人たちを「濡《ぬ》れた毛布」と名づけよう。

あなたは自分自身を「乾いた毛布」で包まなければならない。ふわふわした暖かい毛布が必要なのだ。あなたに冷水を浴びせかけるような人たちと決してかかわってはならない。そういう人たちの「善意」や、「あなたのためを思って」という言葉を信じないようにしよう。逃げ足を速くするには、明確な目的という剣と、決断という盾が必要なのだ。「彼らはあなたを捕まえようとするでしょう。そのことを忘れてはなりません。自分の目的と境界をはっきりと定めることが大切なんです」とミッシェルは警告する。

［**今週の課題**］

①あなたが前に進もうとする際に感じる抵抗や怒り、恐怖などを書き出してみる。誰にでもそのような感情はつきまとうのだ。

②今、先延ばしにしているものに目を向け、それでどんな利益を得ているか考えてみよう。隠された

恐怖を突き止め、紙に書き出してみよう。

③一週目で書き出した否定的な信念のかたまりをざっと振り返ってみよう。まだしつこく居座っているものも、なくなっているものもあるだろう。自分がどれだけ進歩したか、チェックし、しつこく居座っている否定的な信念をくつがえす肯定の言葉も、あわせて考えてみよう。

④繕い物をする。

⑤小さい鉢で窮屈そうにしている植物を別の大きな鉢に植え替えてみる。

⑥自分の恐怖や後悔、希望、夢、心配などを入れておく「神さまの壺《つぼ》」を探す。広口の瓶、箱、花瓶、なんでもかまわない。神さまの壺にまず、①で書き出した恐怖のリストを入れ、不安におそわれたときは、それを「神さまの手にゆだねてある」と思うようにする。他の感情についても同じようにやってみる。

⑦あなたが本当に創造したいものは何か正直に考えてみよう。どんな風変わりな道を試してみたいか、偏見をもたずに考えてみてほしい。自分の夢を追いかけるために、どんな仮面を脱ぎ捨てたいか、心に聞いてみるのもいいだろう。

⑧自分の夢を語り合える人物を五人リスト・アップする。彼らは自分の夢や計画を支えてくれそうな人たちである。

⑨本書をもう一度読み直し、同じ道を行く友人たちと意見を分かち合おう。分かち合いそのものが奇跡なのだ。神を、そして自分自身を信じよう。

あなたの幸運を祈ります！

［チェック・イン］

①今週は何日、モーニング・ページをしましたか？　心の鍛錬として、これからもモーニング・ページを続けていく決心がつきましたか？　あなたにとって、それはどんな体験でしたか？

②今週、アーティスト・デートをしましたか？　これからもアーティスト・デートを続けていく気になりましたか？　今週、あなたは何をし、どう感じましたか？

③今週、なんらかのシンクロニシティを体験しましたか？　それはどんな体験ですか？

④今週、あなたの創造性の回復にとって重要だと思われることが、ほかにありましたか？

これまでの三か月間、あなたは多くの時間をさいて、創造性の回復に取り組み、いちじるしい成長を遂げてきた。今後も回復を推し進めるには、計画を立てて、実行に移していくことが必要である。次のページの契約書は、そのための決意表明になってくれるだろう。

創造性回復の契約書

私の名前は　　　　　　　です。私は、現在、創造性を回復しつつある人間です。さらなる成長を遂げ、創造の喜びを享受するために、私は次に掲げるような創造性回復のプランに取り組んでいくことを約束します。

モーニング・ページは創造性を育み、自分自身を知るための重要なツールになってきました。そのことをふまえ、私　　　　　　　は、これから先の九十日間、引き続きモーニング・ページに取り組むことを誓います。

アーティスト・デートは自分を愛し、生きる喜びを培うためになくてはならないツールになってきました。よって、私　　　　　　　は、さらに九十日間、毎週、アーティスト・デートを続けることを誓います。

「アーティスト・ウェイ」に従い、内なるアーティストを癒していくうちに、自分がいろいろなことに興味をもっていることに気づきました。できるだけたくさんそれらの興味を追求していきたいと思いますが、これからの九十日間はとくに　　　　　　　　に集中的に取り組んでいくことを誓います。

自分の中のアーティストを育てることを誓っても、具体的な行動計画を立てなければなんにもなりません。これからの九十日間、具体的な行動のプランとして、　　　　　　　　を実行することを誓います。

共に創造性を養う仲間として、　　　　　　　　を、私たちの成長の度合いを確かめてくれる人物として　　　　　　　　を選びました。毎週、電話でチェックしてもらうことを約束します。

私は、以上の誓いを実行することに同意し、　　年　　月　　日から取りかかります。

署名

終わりに

本書を締めくくるにあたって、私は署名をしたいと考えていた。それはたわいもないささやかな趣向になるはずだった。だが、絵画を楽しんでいるときに、署名をわずらわしく感じたことが何度もあったと思い出し、署名するのはやめることにした。

本当なら、本書はある本からとったイメージで締めくくるべきだったのだろう。はっきり覚えていないので、ひょっとしたら私の想像も混じっているかもしれない。それはトマス・マートンの『七重の山』という本の表紙にあしらわれていた山のイメージである。

早熟だった私は、十二歳のときにその本を読んだ。今、覚えているのは、頂上に向かって螺旋《らせん》状の道が巻きついたヒマラヤの一部だ。その螺旋の道こそ、私の考えるアーティスト・ウェイなのだ。

その道を登ろうとすると、高さは少しずつ異なるが、何度も同じ景観の場所に連れ戻される。たとえば、不毛な時期にさしかかると、私たちは、以前にも同じ場所に来たことがあるという思いにとらわれる。たしかに、ある意味で、それは正しいのだ。ずっとやりたかったことをやる成長の道は決してまっすぐではなく、螺旋状に登っていくプロセスだからである。

アーティストの成長は、厳しい地形や嵐によってたびたび妨害される。霧が道を包み込み、見えなくしてしまうこともある。たまに開ける、めくるめく展望が、私たちをうっとりさせることもあるが、その道を登っていくには、足元に注意を集中し、一歩一歩進んでいくしかない。

アーティスト・ウェイは霊的な旅であり、自分自身へ帰る巡礼である。偉大な旅がすべてそうであるように、危険を伴っている。そのいくつかを私は本書で取り上げてきた。他のすべての巡礼と同じように、アーティストの道を行く人たちは、仲間や目に見えない連れにしばしば励まされる。どうかあなたの心の中でささやく、導きの声に耳を傾けていてもらいたい。

最後に、本書の執筆を促したマーク・ブライアンが見た中国映画についてひと言触れておこう。チベットのある夫婦を題材にした『馬泥棒』というタイトルの映画で、彼は深い感銘を受けたという。私も見てみたいと思い、中国映画のビデオ店やフイルム・アーカイブを探したが、見つけることができなかった。マークの話では、ある山を泥棒夫婦が五体投地をしながら登っていく映画だった。なぜ登るのかというと、自分たちの犯した罪を償うためだ。その話を聞いて以来、私は螺旋状のアーティスト・ウェイを登っていく山も、償いの気持ちで登るのが一番だと思うようになった。

ただし、それは他人への償いではなく、自分自身への償いの旅である。

癒しの言葉

言葉を濡れた冷たい布切れのように折り畳み
あなたの額に置いてあげたい。
あなたの手首を包んであげたい。
「ほら、ほら」とその言葉は語りかけるだろう。
あるいは、もっとましな言葉を語りかけてくれるかもしれない。
私は言葉に、
「何もかも大丈夫よ」とささやいてくれるように頼むだろう。

私は言葉に、
あなたを一晩中抱いてくれるように頼むだろう。
熱で火ぶくれになり、やけどを負った箇所に
熱があなたを傷つけた箇所に
言葉を塗り込め、冷やし、なだめてあげたい。
名づけようのない傷になっていた言葉を
言葉でもって癒してあげたい。

訳者あとがき

人は誰でも、自分の中にアーティストの子どもを住まわせている。その子どもを大切に養い育てれば、創造的な生き生きとした人生を送ることができる。では、どうすれば自分の中のアーティスト・チャイルドを育てることができるのだろう？　その疑問にきわめて具体的なプランをもって答えてくれるのが本書『ずっとやりたかったことを、やりなさい。』（原題『The Artist's Way』）である。

著者のジュリア・キャメロンは十五年以上も前から創造性のワークショップを手がけており、本書はそのワークショップの豊富な体験をもとに書き起こされている。彼女自身、映画の脚本や監督を手がけ、『ワシントン・ポスト』『ニューヨーク・タイムズ』『ローリング・ストーン』などにいろいろな論説を載せているアーティストだ。

本書が最初に出版されたのは一九九二年のことだが、ほぼ十年近くたった現在でも、ベストセラーの上位に名を連ねるほどの人気ぶりをしめしている。自己啓発書としては、この十年でおそらくもっともよく売れている本の一つだろう。なぜそれほどの人気の高さを維持しているかというと、本書に掲載されているプログラムを実践した多くの人々が、その効果を公に認めているからである。世界最大のインターネット書店「アマゾン・コム」のサイトにも、本書によって創造的な自分に目覚めたというメールが多数寄せられている。

日本でもよく知られている映画監督のマーティン・スコセッシは、本書が「自らの創造性に触れるための貴重なツール」であることを保証している。

しかし、本書で取り上げられている「創造性」が、「芸術家」だけがもてる特別な資質ではないことを断っておきたい。自由を保障された一人ひとりの人間が、個性的に自分らしく生きていくために欠かせない資質として、著者は「創造性」を位置づけている。つまり、自分をいかんなく発揮して生きるための必須の要素と、創造性をみなしているのだ。そのような意味で、本書はより充実した人生を送りたいと思っているすべての人に向けて書かれたものだといっていい。

本書はきわめて実用性の高い本である。全体が十二週間の創造性開発のプログラムに分けられており、読者が最初に紹介されている基本ツールを用いて、自分一人でプログラムをこなしていける体裁になっている。実際にどのように進めていけばいいかに関しては、本文に書いてあるので、参考にしていただきたい。

何人かでスタディー・グループを組み、いっしょにプログラムを進めていく方法もある。その場合に注意すべきこととして、著者は次のような点をあげている。

①一週間に一度、二、三時間の集まりをもち、一週分ずつプログラムをこなしていく。モーニング・ページとアーティスト・デートは欠かさないこと。モーニング・ページは他人に読んで聞かせるものではない。自分でも、コースの後半にさしかかるまで、読み返さないように。

②会の進行をつかさどる進行役のような存在はいてもいいが、グル的存在は認めないようにする。グループ内に階級をつくらないこと。

③人の話をよく聞くこと。他人の話にコメントする必要はない。人数が多い場合には、四人一組で輪を組

み、体験を共有しあうとよい。
④お互いに尊重しあうこと。
⑤自分に起こる変化を受け入れること。自分や他人のプロセスを操作しようとしてはならない。
⑥進行役やグループが自分に向かないと思ったら、あなたはいつでもやめる自由をもっていることを忘れないように。自分でグループを組織するという方法もある。

訳者も長年、創造性というものに関心をもち、さまざまなワークショップを手がけてきた。本書の翻訳は、私自身が長い時間をかけて探求してきたことを再確認する貴重な機会になった。と同時に、自分の中で漠然としていたものの多くが、本書を通して、より明確になったような気がする。

とりたてて創造性というものを考えたことがない方でも、本書のプログラムを実践してみれば、生き生きとした自分を取り戻すきっかけになることを発見するだろう。自分をもっと発揮して生きたいと思っている方は、それぞれの生活の場で、ぜひ本書を実践的に活用してもらいたい。なお、読者の意見交換の場として訳者が運営しているウェブサイト（http://member.nifty.ne.jp/ecco/）を提供したいと考えているので、興味のある方は立ち寄って見てもらいたい。

翻訳にあたっては、コンパクトな実践書にしたいという意図から、一部、割愛させてもらった。最後に、下訳をしていただいた小金沢正子さんと、手際よい編集作業によって本書を安産させてくれたサンマーク出版の青木由美子さんに深い感謝を捧げます。

二〇〇一年　二月

菅　靖彦